# 人生
# 耐得住
# 寂寞

# Enjoy Loneliness

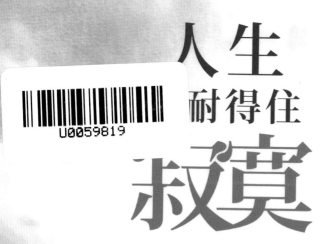

# 前言

世界是不斷變化的，但人卻不能一味地隨著世界的變化而改變，否則人們很容易為追隨世界的變化而過度消耗自己的時間和精力，最終將自己拖垮。因此，當周圍的條件發生變化的時候，人們不應該隨著變化而隨意改變自己，而是應該尋找使自己能夠耐得住寂寞的方法。在大千世界中，人只是一粒微不足道的塵土。假如身處塵世的人們不能以靜制動，不能耐得住寂寞，人們必然會被寂寞糾纏因此而一事無成。從這個角度看，只有耐得住寂寞的人才能取得事業上的成功，取得令人羨慕的成就。

人們若想在自己的事業上取得成就，就必須具備耐得住寂寞的意識和能力。當人們在人生的道路上追求事業上的成就時，也許會得到他人的幫助。但這只是外界的力量，只有通過人們自身的努力，這才是決定事業成功的主要因素。因此，在通往事業巔峰的路上，人們只能選擇獨自前行。這要求人們必須具備排除憂慮、焦躁情緒的能力，具有耐得住寂寞的品行。唯此，人們才能夠不被寂寞湮沒，在身處寂寞的時候反而能夠領悟到寂寞帶給自己人生的另一種享受，並且從中頓悟人生哲理、品味生活的五味雜陳、獲取促進自己成功的力量。

然而，有些人卻不能將寂寞帶來的憂慮、孤獨、焦躁等從生活中剔除，反而被寂寞和隨寂寞而來的憂慮耗費了太多的精力，最終沉陷其中不能自拔。在這些人的生活中，寂寞不是帶給他們感悟和理性的有效方式，而是束縛他們自己的繩索。擺脫寂寞糾纏的方法很簡單，只要人們能夠認識到耐住寂寞能為自己帶來無限的成功契機即可。事實上，寂寞正是一種能夠為自己帶來益處、使自己獲得感悟的生活狀態，同時寂寞也是一種悠閒自在的人生狀態。但是，並非每個人都能夠體會到寂寞的真正意蘊。寂寞是一種高深的境界，只有擁有智慧的人才能夠真正地享受寂寞。當身處寂寞中的時候，智慧的人不但不會產生焦躁孤獨等負面情緒，他們反而會在寂寞中尋到難得的清閒和自由。

這些人之所以能夠承受孤獨、耐住寂寞，是因為他們能夠用心觀察寂寞，他們甚至會將寂寞看作一個不可替代的良師。當寂寞來臨的時候，他們會充分發揮自己尋找快樂和自由的才智，並且能夠保持清醒和理智，勇敢地正視寂寞；他們能獨自撥開寂寞虛幻的外殼，認清寂寞的本來面目，感悟寂寞，將自己的身心都融入寂寞中，體驗那份難得的悠閒、自由和快樂。此時，他們會將一切苦惱和憂愁拋棄，獲得一份清閒和歡欣。

但是，更多的人在面對寂寞的時候都懷有一種恐懼的心理，他們甚至將寂寞看作一種「病態」。他們無法從寂寞中找到友情和愛情，也找不到能夠與自己聊天談心的夥伴。所以，他們在面對寂寞的時候選擇「壓制」，固執地將寂寞壓在自己的內心當中。此時，他們會體會到一種生不如死的感覺，彷彿在忍受千萬隻螞蟻的咬噬。如果人們在面對寂寞的時候消極被動，就會被苦惱所糾纏，揮之不去。此時，寂寞就會變得無限強大，會化身為人們眼中的「惡魔」，讓被寂寞所擾的人自然地失去快樂和歡欣，進而他們也失去很多大有裨益的感悟。

為了讓讀者認清寂寞的本來面目，同時瞭解如何在寂寞中收穫感悟、悠閒、自由的生活。我編寫了這本書，盡最大所能為讀者描繪人生的一大境界——寂寞，讓讀者們像品味清茶一樣品讀本書、品味寂寞，讓自己的人生因為擁有寂寞而絢爛，耐住寂寞，讓自己獲得一個更好的人生！

# 01

# 因為寂寞，所以成功

寂寞人人都有，有一千個人就有一千種寂寞。在這篇名為生命的故事中，有的人無論在什麼情況下都會感到寂寞；有的人卻恰恰相反，在任何情況下都不會感到寂寞。是否寂寞完全取決於個人的心態，只要擺正心態，就不會寂寞。做人、做學問都要甘於寂寞，外面的世界雖然精彩，但人們最終還是要回到寧靜處歇息。

說寂寞難耐的人不懂得欣賞寂寞，也就不懂得欣賞人生。世間萬物都是一分為二的，快樂能讓人年輕，但寂寞更讓人成熟。享受寂寞並不是被寂寞所困擾，而是在這種氛圍中冷靜地思索，仔細地分析，讓心靈自由地遐想，追憶昨天，暢想明天。領略獨處時的唯美境界，更加珍惜由寂寞帶來的感悟。

寂寞是對人生的詮釋，是對生命的認識，品味寂寞，才能完成心靈的昇華。只有耐得住寂寞才能不寂寞，耐得住寂寞才能取得成功。寂寞是一種沉默，一種成功前的沉默。只有甘於寂寞，你才可以找到人生的真諦，到達成功的彼岸！

# 人生要耐得住寂寞

自古以來，渴望成功是每個人的夢想，但最終取得成功的人，則往往是那些耐得住寂寞和經得住誘惑的人！

「坐得冷板凳，吃得冷豬肉。」這句話是著名歷史學家范文瀾的名言。甘於寂寞才能取得成功，便是對這句話最好的解釋。這句話的出處還得從過去說起，過去那些道德高深、精通學問又為國家做出巨大貢獻的人，他們死後牌位可以放在文廟裡，享受特殊待遇，與孔聖人一起分享人們供奉的冷豬肉。只有年復一年日復一日地刻苦鑽研，耐得住寂寞，坐得「冷板凳」，才能出人頭地，取得成功，最後才能享受到祭孔的「冷豬肉」。這「冷板凳」和「冷豬肉」相輔相成，只有先吃苦才能享受到最後成功的喜悅。史學泰斗范文瀾之所以能夠名揚中外，正是因為他坐了幾十年的「冷板凳」，不僅著作等身，名垂千史，最後還擁有與孔聖人一起分享

「冷豬肉」的資格。

在日本有宮本武藏和柳生又壽郎兩位堪稱一流的劍客，他們是師徒關係。徒弟柳生又壽郎拜宮本武藏學劍時，他們曾有這樣一段對話：

徒弟問：「我想成為一名出色的劍師，努力學的話大約需要多長時間？」

師父回答：「一生的時間。」

徒弟問：「如果當你忠誠的奴僕需要多長時間？只要你教我，我吃再多苦也願意。」

師父回答：「十年的時間。」

徒弟問：「老父親年紀已高，過不了多久我得照顧他了。如果我更加賣力地苦學，需要多長時間？」

師父回答：「三十年的時間。」

徒弟問：「一會兒說十年一會兒又說三十年，為什麼會這樣？我下定決心一定要在最短的時間內精通劍術。」

師父回答：「欲速則不達，急功近利的人都是這樣。如果你是這樣的心態，你得需要七十年的時間。」

作為徒弟的又壽郎終於明白是自己太心急了，便靜下心來拜師學習。訓練開始了，可師父對徒弟的要求卻出乎意料：讓他做飯、洗衣、打掃廁所，不許他提劍術。就這樣過了三年，又壽郎還是做這些看似毫無意義的事情，不免對自己的前途很是擔心。

某一天，師父趁徒弟不注意時，悄悄地在他背後用木劍給予重重一擊。次日，又趁其不備進行襲擊。從那以後，徒弟又壽郎每時每刻都得保持高度警惕，隨時預防師父的突然襲擊。日復一日年復一年，又壽郎最終成為全日本最厲害的劍術高手。

由此可見，若想取得一番成就，只有經得住寂寞，潛心修煉，方能取得成功。古往今來，凡是做大事成大業者，初期都是耐得住寂寞之人，無論中外，都是如此：曾有「三年不窺園」之說的漢代大學者董仲舒，為了做學問，把自己關在屋裡不分晝夜苦讀，終成一代大儒；在世界物理學界擁有權威地位的大科學家愛因斯坦，在伯恩瑞士專利局的辦公室裡一坐就是七年，最終創立了相對論；《紅樓夢》

的作者曹雪芹為了完成這部巨著，前後增刪五次、批閱十載才給世人留下了寶貴的文學遺產。此外，居禮夫人發現鐳元素，偉大的發明家愛迪生發明電燈，門捷列夫的化學元素週期表的誕生等都證明，大凡成功之人都曾與寂寞為伍。

渴望獲得成功是每個人的夢想，無論身處何地，不管從事何種行業，所有人都在為自己的成功而不懈努力著。人大都相同，唯一不同的，就是自我克制的能力。美國心理學家瓦特．米伽爾在做糖果實驗的同時還發明了一個語彙：目標導向的自發式延遲滿足。他認為只有克制衝動才能達到目標，強調了自我調節情緒的重要性。我們所謂的目標是多方面的。

現今社會存在著大大小小、各種各樣的誘惑，明知吸菸對身體有害，卻因為吸菸的快感而放縱自己繼續吸菸；明知玩線上遊戲容易上癮，卻沉迷其中；所有成年人都會受到風花雪月、名利地位的誘惑。如果一味地追求暫時的快樂、眼前小小的滿足，而不去考慮長遠的利益，那麼你永遠不會成功。眼前的小小誘惑或者小小利益雖能給你暫時的滿足，但卻會阻擋你以後取得更大的成功。所以，請你一定要立場堅定，經受住寂寞的煎熬。

人生機遇各不相同，只要你能耐住寂寞，進一步改變和強化自己，當機遇降臨時，緊緊握住它，你才會到達成功的彼岸。這也是所有成功者獲取成功的必經之路，所以說耐得住寂寞是一種品性，一種難能可貴的優點。這種優點不是天生就有的，而是歷經千辛萬苦地磨煉和不斷地學習培養而成，耐住寂寞是價值的積累，相反則是揮霍人生。生活總會充滿挫折，同時也不會有機遇，只要你能耐得住寂寞，不浮躁，不驕傲，靜下心來對待生活，迎接挑戰，你一定會成功！

耐得住寂寞是一種境界，也是一種實現自我價值的體現。最容易成功的人便是那些能耐得住寂寞、抵擋得住誘惑的人。能耐得住寂寞是人生的一種自我超越，寂寞雖然是痛苦的，但這痛苦是暫時的，短暫過後會是人生真正的快樂，那就是成功的快樂。

# 忍受寂寞，在寂寞中成長

寂寞是人一生中不可缺少的組成部分。伴隨著成長，它一步步地進入人們的心裡，一天天增強擴散。人只有在成長中才會慢慢成熟，眼前也才會出現一道道別緻的風景。人們都渴望成熟，但成熟到底是什麼？並不是長大了就成熟了，余秋雨說過：成熟要具有磅礴的大氣和平淡的心境。困惑時，將所有的人和事拋開，全身心進入到寂寞之中，從黎明到黑夜保持那種心境，在成熟的空間裡充分享受自己的天和地。因為有了寂寞，人們才能一步步走向成熟，寂寞帶給人們快樂的時候，也把成熟帶來了。

現實生活中，失望、悲傷時有發生。這個時候你不用灰心，無需流淚。如果你想寫出來，寂寞就是你的忠實讀者，它會用最真實的想法去評價你的心靈；如果你想唱出來，寂寞就是你的超級「粉絲」，用心傾聽你的心靈之聲；如果你想說出來，寂寞就是你的忠實聽眾，會用無聲的愛撫平你內心的傷痛。因為寂寞，人們不會再跑到父母面前撒嬌；因為寂寞，人們學會放棄不屬於自己的東西；因為寂寞，人們不再幼稚地把所有事情都想得那麼簡單；因為寂寞，人們不會再膽小怕事，拒絕讓自己長大。在寂寞中長大的人更成熟，因為寂寞，學會了更多，不再凡事都指望別人幫助自己。寂寞會牽著你的手帶你去夢開始的地方，在那裡，盡情享受甘甜雨露的清爽，盡情奏響奮鬥的樂章，無需掩飾，無需流淚。耐住寂寞，在寂寞中成長，去實現夢想。

面對突然而來的寂寞，強者把它變成墊腳石，而弱者卻把它看作絆腳石。很多人都說軍旅生活寂寞，除了直線就是方塊，生活緊張單調，無聊枯燥。而有心人就把軍營當作學校，通過一番苦學成為專職技師；無心人則把軍營當作「魔校」，每日除了訓練就是抱怨，最終也只是平平庸庸的退伍。活力四射的軍人面對精彩世界的誘惑，可能也會浮躁不安，最好的辦法就是在寂寞中學習，讓躁動不安的心沉下來，用積極的心態去面對，把軍營當作學習的平臺、「加油站」，樹立正確的思想觀和人生觀。軍營生活緊張，訓練艱苦，但只要自己安排好時間，感覺到的就不再是寂寞，而是充實。

古人說：「夫君子之行，靜以修身，儉以養德；非淡泊無以明志，非寧靜無以致遠。」這就是說，寂寞是成才的沃土，也是成才的必經之路。只有在寂寞的情況下，人才可以平靜下來，專注去做一件事，使自己思想得到提升，心靈得到淨化。寂寞可以讓一個人養成勤於思考的好習慣，好的習慣在成功的道路上會起到墊腳鋪路的作用，功不可沒。在寂寞中成長，一步一腳印，腳踏實地。「水滴石穿，繩鋸木斷」，要具有持之以恆、鍥而不捨的學習精神。耐得住寂寞，吃得了苦頭，方能取得成功。

提到寂寞，很少人喜歡它，更多的人對它是一種排斥。人們都說寂寞是孤獨的代名詞，沒有人喜歡孤獨與寂寞，大家都喜歡有人相伴，或是細耳傾聽或是高談闊論。只有當你親身經歷寂寞、悟透寂寞，才能懂得寂寞的價值是多麼的難能可貴。

有一位教師，獨自一人上台北學習進修。起初他感覺這個外出學習的過程會很快樂，會是一種享受，更能提升自己並得到期望中的收穫。然而，在獨自進修的寂寞中，他才發現讓他成長、成熟才是他最大的收穫，甚至還說北上台北這半年的收穫是之前幾年都無法比擬的。

之前這位教師生活的一直很平靜、安逸。從學生生涯到教師生涯，幾十年一直圍著學校打轉，他感覺自己都快脫離了這個社會，沒想到自己還具備獨自在外生活的能力。進修剛開始，他便一個人找學校、一個人回住處、一個人上街、一個人吃東西、一個人鍛煉身體、一個人看書、一個人思考，有時一天說不了一句話。有一段時間，這樣的日子讓他幾乎不能忍受。時間長了，他慢慢學會了在寂寞中思考過去、現在、將來，從人聯想到事，思考許多事，想念許多人。最後，他終於找到了那個最真實的自己，他喜歡上了寂寞的環境，寂寞的一切。找到最真實的自己，也明白了人生的真諦，明白了快樂的含義。

漸漸地，他學會了享受寂寞，與人交往是一種能力，享受寂寞更是一種能力。耐住寂寞，在寂寞中成長，你會發現它可以改變你的一切。

「古來聖賢皆寂寞，惟有飲者留其名。」唐朝著名詩人李白就是一個懂得享受寂寞之人，他自稱為孤獨的行者，自飲自樂，自歌自舞。正是由於他能享受寂寞，在寂寞中成長，才成就了他「詩仙」的美譽，給世人留下冠絕古今的文學作品。

忍受寂寞，在寂寞中成長，並不是所有人都能做到的。有目標的人可以忍受，之所以寂寞也是因為有這樣的目標。也許這種目標不被人理解，甚至會被人嘲笑諷刺。在實現目標的過程中沒有人相陪，沒有人噓寒問暖，別人的不理解，別人的冷眼更是令人心寒。自己的孤單與自己做伴，向著目標前進，只要有一顆堅定的心就足夠。寂寞會讓人變得更加冷靜，思維更加清晰。忍受寂寞是一種本領，這本領不易學，堅持下去必為高手。人生就是一個向上攀登的過程，在這個過程中更要忍受住寂寞，目標就在眼前，不能因為受不了寂寞而放棄，不能因為一點點的疲勞而辜負前面所有的付出，一定要堅持到底。如果你做到了，你一定會攀登上成功的高峰。

著名導演李安在成名之前，大約有六年時間是待在家裡做家務，人稱「家庭主夫」。在這六年裡，李安每天除了做家務就是看書、看影片、看劇本。他忍受住寂寞，在寂寞中學習、積累、成長，現今終於成為令世界矚目的大導演，成為華人的驕傲。如果當年他不堪忍受寂寞而放棄了自己的追求，他就不會有今天的輝煌成就。

阿里巴巴的創始人馬雲，起初創業時很多人不理解，甚至說他做白日夢。但他一步步寂寞地走到今天，以苦為樂，以寂寞為歌，一步一唱、一步一和，在寂寞中成就了上市公司阿里巴巴。所有成功人的經歷告訴我們：人生一定要耐得住寂寞，要經受住挫折，把每一個低谷當成創造新高峰的起點。所以，處於低谷時不要氣餒，更應奮發向上，積蓄力量。

寂寞孤獨的滋味難以言表，它就像濃霧一樣籠罩著人們的心，壓得人們喘不過氣，令人們又似在森林裡迷失了方向，無助彷徨。有的人因它功成名就，成就了一生的輝煌，有的人卻因它墮落，成為它的奴僕而甘拜下風。耐不住寂寞的人不會真正地長大，他們的靈魂沒有固定之所，他們的精神家園會慢慢枯竭。雖然他們一直想擺脫寂寞，可永遠也擺脫不了精神上的寂寞。

沒有明確的目標，沒有積極的心態，這種人不會在寂寞中取得成功。獨守一份清靜，甘受一份落寞，在寂寞中慢慢成長走向成熟，這其實是一種境界。也正是因為這種境界，人們才創造出驚人的偉業。

聰明的人說寂寞是一種修煉，在寂寞中成長就是在修煉人生，從而悟出人生的真諦。愚蠢的人受不了寂寞，守不住精神的底線，他們往往會成為道德的叛徒，最終跌入無法自拔的深淵。忍受住寂寞並在寂寞中成長，你才會擁有精彩的人生，生活才更具有意義。

寂寞從表面看是孤獨的代名詞，讓人憂傷無助，實際上它是成功不可缺少的一部分。寂寞是折磨人，但更磨煉人。沒有寂寞的考驗，不可能取得成功。只有忍受住寂寞並在其中慢慢成長，腳踏實地全身心投入，才能創造出美好的未來。

# 寂寞卻不孤獨

人活一世，很少有人不被寂寞困擾。其實，寂寞只是一種心境，撩開了就會發現，世界依然很精彩。只要你身臨其中，就會發現另外一種情趣盎然的生活。耐得住寂寞的人能堅持到最後、笑到最後，耐得住寂寞的人能得到幸福，耐得住寂寞的人是成功之人。

寂寞帶給人的是一種磨煉，讓你對人生深思，只有在寂寞中總結自己、看清自己，才能更好地邁向成功，因為成功的輝煌往往就隱藏在寂寞的背後。若想成功，必須耐得住寂寞。許多人正是因為耐不住這份寂寞，所以通過各種方式來逃避寂寞，用網路逃避現實，用娛樂填補空虛……所以，他們沒能成功。

引發「林來瘋」現象的台裔美籍華人林書豪，在二〇一二年不但登上《時代》雜誌封面人物，更榮獲全球百大人物第九名的殊榮。美聯社認為，林書豪的竄起是

「NBA裡最激勵人心的故事」，因為在此之前，他還只是一個默默無名的籃球選手。

大學期間的林書豪表現雖然非凡，但在二〇一〇年的NBA選秀中卻仍是落選，於後受達拉斯小牛隊經理丹尼．尼爾森邀請，參加在洛杉磯舉辦的NBA夏季聯賽，與金州勇士隊簽下兩年合約。該年球季開打後，林書豪雖登錄於球隊正式名冊，但卻被放在傷兵名單中，幾乎沒什麼上場機會，期間甚至三度被下放至二線球隊。這些待遇，對所有想求表現的運動員來說，都是一個痛苦而寂寞的過程；但也因為這段時間的沉潛，他的信仰、他的理想卻被磨練的更為堅毅。他沒有因此放棄，而是更積極努力的磨練自己的球技、砥礪自己的靈魂，於是當機會到來時，他成為席捲世界的超級颶風！

雖然人們常說寂寞難耐，但寂寞並不一定就孤獨。你的理想、你的目標在陪伴著你，只有耐住寂寞，無論在什麼情況下都不放棄理想和目標，成功才會真正屬於你。

耐住寂寞更要杜絕浮躁，一些大學生經營網拍，有的月收入不到千元，而有的近萬元；有的剛開始就關門大吉，但有的生意卻越來越好，這是什麼原因？

如今社會就業壓力大，而網路卻蘊含巨大商機，風險小、投資少、手續簡單、交易快捷、經營與維護不需要太多的專業知識，不少大學生正通過網路創業實現他們的夢想。

大學生可樂就在大一時經營了一家玩具網拍商店，至今已有三個年頭了。剛開始的幾個月裡根本沒業績，天天著急，和他一起經營網拍的幾個同學都因為耐不住寂寞最終放棄了。可是，可樂卻憑藉著自己那股執著堅持下來，無論是白天還是晚上都在網路上狂打廣告，宣傳商品，提高網路商店的知名度，就連下課休息時間也不放過。終於，網拍在他的辛勤努力下開花結果了，不斷收到買家的匯款。

可樂大學期間沒向家裡要過一分錢，生活花銷全部靠經營網拍的收入，而且幾年下來已有數目不小的存款。

當然網路創業也有不少失敗的例子，他們其中不少人就是因為不能忍受寂寞，心浮氣躁，缺乏持之以恆的精神，所以不了了之。

無論是大學生還是創業者，都必須踏踏實實、從頭做起，杜絕浮躁的思想，不要輕言放棄。要學著忍耐寂寞，讓自己保持一顆平靜的心，唯此，才能讓自己的事業有所成就。

謝小麗剛進入社會時，在當地一家企業做行銷員。由於初涉社會，沒有經驗和社會關係，所以也沒什麼業務。多年後回憶起那一段時間，仍讓她記憶猶新。寂寞、無助，沒有人告訴你該做什麼、不該做什麼、怎麼做，就像被人丟棄的垃圾，無人理睬。這樣下去怎會有出頭之日？和她一起進公司的兩名大學生因受不了這份寂寞很快就辭職了。

謝小麗卻堅強地挺過來了，她忍受住了寂寞，自學了所有業務知識，從產品到業務流程，從研究顧客心理到語言技巧，每個月兩萬的薪資，她堅持下來了。第二年，謝小麗的業務量突飛猛進，年薪一下子漲到了數十萬元，成了老闆的「掌上明珠」。第三年，她的年薪上看百萬元，成了業界的明星人物。而如今，她已經是紹興百草園公司的董事長。

當年與謝小麗一同進公司的那兩位大學生，現在仍處於不停地求職和辭職的過程中。謝小麗說：「如果當時她們也像我一樣堅持下去，說不定比我幹得更出色。

但正因為她們耐不住寂寞，不願堅持，到現在還是一事無成。」謝小麗的成功經歷給我們一個啟示：要想有所成就，就必須學會耐得住寂寞、學會吃苦、學會堅持，不要計較眼前的得失，要考慮長遠的利益。

現在，很多求職者在應聘時開口就向面試公司要高薪資、高待遇。其實，太注重眼前利益的求職者，公司一般是不會錄用的，即使錄用了也不會器重。如果真有能力，為企業創造出效益，自然會受到老闆的器重，會為你主動升職加薪。

古今中外所有成就事業的人，都是耐得住寂寞的高手。著名畫家張大千為了學畫，在偏僻的西部一待就是好幾年，遠離城市的喧囂、人心的浮躁，刻苦鑽研繪畫。窮困潦倒的生活沒有打倒他，兇惡的強盜土匪也沒有嚇跑他，一個人與清貧為伴，與寂寞為伍。他身上的那份執著、刻苦、堅持正是成功必備的素質。耐住寂寞，不浮躁，在追求理想的大道上堅持不懈，勇往直前，最終一定會取得成功。

能經得起誘惑的人，並不一定能成功；但耐得住寂寞的人，會更容易成功，因為他對事業的專注接近偏執。

正在求學或者創業的人們一定要記住：「貴有恆，何必三更起，五更眠。最無益，只怕一日曝，十日寒！」無論學習還是做事最怕「三天打魚，兩天曬網」。學習枯燥無味，創業千辛萬苦，都需要具備堅忍不拔的毅力和耐得住寂寞的決心，「鍥而舍之，朽木不折；鍥而不舍，金石可鏤。」雖然耐得住寂寞的人不一定都能成功，但成功者必定是耐得住寂寞的人。

# 面對成功，你欠缺的也許只是一份寂寞

創業是一個長期過程，也是一個等待的過程，成功是從寂寞開始的。耐得住寂寞的人必有超凡的毅力，這樣的人，最終不僅能取得事業上的成功，也是生活的強者，是主宰自己命運的主人。寂寞是對一個人能否取得成功的考驗。諸多的事實告訴我們，成功人士在成功前，都經歷過了寂寞。

著名的糖果實驗表明：那些忍住誘惑的孩子，成年後在事業上更易成功。

美國著名心理學家瓦特．米伽爾找來一些四歲的小孩子，給他們每人發一顆軟糖，這種軟糖在當時非常受孩子們的喜愛。發完糖後他告訴孩子們，如果現在把糖吃了就只能吃一顆，如果過二十分鐘再吃，就能吃兩顆糖了。話說完後，有的孩子馬上把糖放入口中，有的孩子卻在等待，二十分鐘對他們來說是何等的漫長，握著手中喜歡的糖卻只能看不能吃，這是一種煎熬。為了能吃上兩顆糖，孩子們耐住性子，有的唱歌，有的跳舞，有的玩耍，想盡一切辦法不去吃糖，終於他們得到了盼望已久的第二顆糖。

實驗並沒有就此終止，而是對這些孩子們進行後續追蹤統計。統計結果發現：那些在四歲能堅持等待吃兩顆糖的孩子，在青少年時期不急於求成，仍能等待；那些迫不及待吃了一顆糖的孩子，在青少年時期便表現出固執、壓抑、優柔寡斷的個性。

當這些孩子上中學時，研究人員對他們的父母及老師做了一次調查。調查表明，兩種孩子的差異表現得很明顯：那些在四歲時能堅持吃兩顆糖的孩子們適應能力非常強，具有冒險精神，對自己充滿信心，比較獨立，受人喜歡；那些在四歲時經不起誘惑只吃到一顆糖的孩子們性格固執、孤僻，經受不住挫折，不敢挑戰。

十幾年以後，當研究人員再次考察那些孩子們時發現，那些在四歲能夠經受住誘惑而吃到兩顆糖的孩子們更容易成功，他們的學習成績更好一些，事業上也取得了一定的成功。那些只吃到一顆糖的孩子缺乏耐心，遇事總是退縮，學習成績不好，事業上毫無成績。

所以，由調查結果可見：面對成功你需要的就是能夠耐得住寂寞，這將使你的人生更加美好。

台灣版的「蘇珊大嬸」林育羣以一首「I Will Always Love You」紅遍海內外，連美國知名脫口秀節目「艾倫秀（The Ellen DeGeneres Show）」都曾邀請他上節目一談。

未成名前，他在樂器行打工，每月薪水才一萬五千元，但他從未忘記自己喜愛唱歌的夢想；他沒有像一般人一樣，屈就於現實，去做一個不喜歡卻又浪費掉自己大半人生的工作，就只為了餬口飯吃；也沒有沉迷於時下年輕人喜愛的網路遊戲以麻痺自己。他不懈地堅持著，從不放棄任何歌唱比賽，甚至不惜借錢進入明星藝能學園歌唱班進修，為得就是追求自己人生的夢想。但由於身材圓潤、體重破百，不但常被人笑稱為小胖，更有人笑他娘，還有人惡毒的說：「長成這樣子，還敢來參加比賽，真是傷人家眼睛。」但他從不放棄！雖然沒有人欣賞、雖然忍受寂寞，但他仍舊百折不饒地不斷在比賽中磨練自己的技巧，於是，他終於贏來了成功的這天！

艾倫秀中，主持人問他道：「你想對那些跟你一樣被欺負的美國小孩說什麼？」

林育羣是這麼回答的：「每個人生下來，一定有他的用處。要更有自信……」

寂寞是一種考驗，無論男人還是女人。男人需要寂寞，在寂寞中思考自己，認清自己；女人需要寂寞，需要在寂寞中尋找自己，發現自己。耐住寂寞的人生之路才會迎來陽光大道，否則前面便是萬丈深淵。那麼，你的人生之路將會是怎樣的呢？

# 寂寞是成功到來前的漫長黑夜

人們一看到寂寞便會聯想到孤獨無助，其實不然。寂寞是迎接成功到來的前夜，寂寞是鋪就成功之路的基石，只因有了寂寞才會迎來成功，就像是度過了黑暗，迎來黎明。經寂寞洗滌的人如果不是被寂寞湮滅，而是平靜地承受，不驕不躁，那麼他必將迎來黎明的曙光。

許多人都害怕寂寞，但在成熟之後才漸漸明白，只因有了寂寞，自己的心才得以靜下來，專注於一件事，困難才被解決。無論是臨近各種考試的莘莘學子還是正在創業的有志者們，都要耐住寂寞，不能心浮氣躁，這樣才能到達成功的彼岸。

《三都賦》的作者左思是西晉著名的文學家，他從小就立志高遠，別人的嘲笑並未動搖他的決心，也沒讓他感覺自卑。歷時十年努力，忍受無盡的寂寞，收集資料和寫作，日積月累，彙集了大量的文稿，終於完成大作，被世人敬仰。

春秋戰國時期，吳越兩國相爭，最後越王勾踐淪為階下囚，但他忍辱負重，立志復仇，忍受著屈辱和寂寞，最後打敗了吳王，被世人傳為佳話。

著名史學家司馬遷在獄中十九年，經受了不人道的酷刑，獨自忍受寂寞完成了中國第一部紀傳體通史《史記》。

名人的成功說明寂寞並不可怕，只要以一顆平靜的心去面對寂寞，此時，寂寞就是成功的基石，是成功的前提。只有真正地明白寂寞、懂得寂寞，學會運用寂寞，遇事不浮不躁，不氣不餒，勇往直前，才能看到絢麗的彩虹，最終到達成功的彼岸。

智者說：「成功的輝煌就隱藏於寂寞的背後，寂寞就是迎接成功到來的前夜。」成功者說：「只有耐得住寂寞，潛心苦修，才能達到最後的目標。」作家劉墉說：「年輕人要過一段『潛水艇』似的生活，先短暫隱形，找尋目標，積蓄能量，日後方能毫無所懼，成功地『浮出水面』。」

只因有了寂寞才成功，這是所有成功人士遵循的原則，寂寞以科學嚴謹的表現和踏實厚重的姿態為特徵，讓有志者全力追求人生目標。

孫傑是一家外資企業的員工，當初他是透過網路知道了這家公司。該公司並不很出名，但孫傑在網路上查到該公司的資料後，感覺這裡能讓自己得到鍛煉，也會有發展前途，便加入了該公司，以該公司為平臺來施展自己的抱負。找到新工作的他迎來的並不是家人的鼓勵和慶祝，而是無盡的寂寞。由於該公司的名氣不怎麼大，而且在行銷方式上也另行一套，與傳統的行銷模式有所區別，所以不被孫傑的家人理解，都認為他誤入歧途；朋友們也不支持他，疏遠他。

但孫傑耐住寂寞孤身奮戰。他在無盡的寂寞中學習業務知識，不斷提高自己、鍛煉自己，從未想過放棄。由於他的努力，業務水準不斷提高，初進公司的兩個月裡就為公司創造了數十萬元的利潤，從而得到公司的器重。半年後，他被總公司委派到外地的分公司任總經理。為了更好地發揮自己，讓自己的能力得到充分發展，孫傑踏上了遠行的列車，告別了熟悉的環境與溫暖的家，來到一切都陌生的城市。陌生的臉孔，陌生的環境，一切都將從零開始。望著這個陌生的城市，寂寞的他心裡難免產生絲絲感傷。

來不及多想，孫傑安頓好之後便立刻展開工作。由於當地的風俗民情及生活習慣與他所在的地方相差很大，以前制定的一切計畫全部被否定。所以，剛開始工作時非常辛苦，進度緩慢。作為總負責人，背負的壓力遠遠大於其他人，工作的壓力、心裡的酸楚不知向誰訴說。寂寞像要把他壓垮，可結果卻是他忍耐住了寂寞。孫傑深入研究當地的風俗民情和生活習慣，對當地的一切都瞭若指掌，整合市場資源，制訂計畫，整裝待發後一鼓作氣，將公司的產品在這個地區的市場上一炮打響，為公司創下了前所未有的輝煌。陽光總出現在風雨後，寂寞過後便是成功。大人物成名是這樣，小人物的成功也是如此。

靜下心來才會發現寂寞不是一件壞事，只有在寂寞時才能看到平時看不到的，想到平時想不到的，得到平時得不到的。在寂寞的籠罩下，我們的意識將獨立。如果有家人或朋友陪伴在身邊，意識一般會寄託在他們身上，遇到挫折時就想從他們那裡得到安慰，得到幫助，而不去面對困難，解決困難，這對自己的成長是一種限制。人一生中會遇到各種機遇。只要你耐得住寂寞，進一步充實自己，不斷完善自己，當機遇來臨時牢牢抓住你才能取得成功。

二〇〇五年，中國影壇紅得最快的人非張靜初莫屬了。她總結的經驗就是：耐得住寂寞，蓄勢成功。隨著張靜初主演的《孔雀》在柏林電影節上獲得銀熊獎，她蜚聲國內外。這隻「孔雀」光芒的綻放，也幫她收穫了第十四屆上海影評人獎最佳女演員，第六屆華語電影傳媒大獎最佳女主角等諸多獎項。最讓人想不到的是在二〇〇九年一年的時間內張靜初就有五部電影連續上映：《天水圍的夜與霧》、《拉貝日記》、《紅河》、《竊聽風雲》和《A面B面》，更在二〇一〇年以《唐山大地震》入圍金馬獎最佳女配角，在其個人演藝歷程中創下了輝煌。著名導演馮小剛提起以前在北京懷柔攝影棚裡拍戲的時候說，如果張靜初沒有戲，她就會一個人一直待在飯店哪兒也不去，不去逛街，不去旅遊，不去看風景，有時候會到攝影棚裡觀摩其他演員拍戲，給人感覺很踏實，對事情很專注。

影迷們突然發現，似乎在很短的時間內，默不作聲的張靜初竟屢獲大獎，屢現新作，她的作品和她所塑造的形象都被觀眾給予極高的評價。有一次，張靜初在老家福建參加娛樂時尚人物的評選活動時，一位記者採訪她，問她作為一個從地方走向全球的成功演員有什麼經驗。張靜初說，耐得住寂寞和沉澱自己是非常重要的。張靜初在中國中央戲劇院畢業後一直在家自學，準備考試。和其他女孩子有所不同，她寧願把時間都用在讀書上，經常拍完戲就一個人讀書。在娛樂圈發展有時需要一點運氣，但更多的時候需要耐心。無論是誰都要耐得住寂寞，並在這個過程中把握屬於自己的機會。當然，光有耐心不夠，機會來了你沒有本事抓住也不行。所以，就必須進行自我的積累，無論是在知識方面還是技術方面都要有所積累。

無論是張靜初還是其他成功的大演員、大導演或大學者，他們的成功都存在這樣一個等待、寂寞、積累的過程。每個人自始至終要明確知道自己想要什麼，然後努力去爭取，過程中可能會出現許多的困難和難以承受的寂寞，但必須選擇堅持。因為寂寞促使成功，寂寞是迎接成功到來的前夜。

# 孤獨的意義

曾是美國第一夫人的希拉蕊・柯林頓，被公認為是美國歷史上最有實權的第一夫人、美國歷史上學歷最高的第一夫人、美國歷史上第一位謀求公職的第一夫人。她是一位富有爭議的政治人物。任第一夫人期間，她曾主持一系列改革，也曾參加二〇〇八年美國總統選舉民主黨總統候選人的角逐。希拉蕊並不是第一位參與美國總統大選的女性，但她被普遍認為是美國歷史上第一位有可能當選的女性候選人。在歐巴馬當選總統之後，提名她出任美國國務卿，她成為美國第三位女國務卿。這樣一位傑出的人物不斷告訴自己，只有忍受孤獨才能最終成功。

希拉蕊・柯林頓將自己定位於「孤獨的學者」，這裡的「孤獨」有兩個意思。首先人是一個獨立的個體，在人群中勢必會感覺到孤獨。大部分人都認為別人都不孤獨，只有自己孤獨，而導致自己最終墜入空虛和失落的深淵中，不能自拔，虛度光陰。相反，如果承認人生本來就是充滿孤獨的，那心靈就會獲得安慰，不再感覺只有自己是孤獨的。換言之，人人都明白孤獨不是專屬於自己的，別人也是如此，也會感到孤獨，那當孤獨突然襲來時就不會倍感難耐或因此影響學業和事業了。

其次，孤獨一詞還有自我覺醒之意。時刻提醒自己、激勵自己，為自己敲響警鐘，避免墜入陷阱之中不能自拔。女性特有的敏感讓她們更容易感覺到孤獨，於是一部分的人就用閒聊、逛街、聚會等方式來遠離孤獨，至少這些時候是不孤獨的。但是，閒聊、逛街、聚會往往會讓人上癮，一上癮了就不容易停下來，閒聊、逛街、聚會時是不會去論政治、評社會、說文化的，最重要的是浪費時間。同樣，此時也不會考慮讀書、學習，思考能力、技術才能等等都會下降，慢慢地就跟不上時代前進的步伐，成為一個落後者，這種落後者最終成為失敗者。

希拉蕊給自己定義為「孤獨的學者」，便是警惕自己讓自己擺脫閒聊、逛街、聚會的誘惑，即使某一日不經意闖入其中，也會讓自己不被吞沒。

剛進頂尖大學的新生們大多都有失落感，從小學到高中都是被人追捧的對象，是其他人的榜樣，一點一滴都備受學校關注。初踏頂尖大學卻無人理睬，心中難免存在孤獨感和挫折感。學習成績優異的希拉蕊也有同感。但是，一向堅強的希拉蕊沒有被挫折感擊倒，而是用學習來武裝自己，一定要成為全校第一名。實現這一點絕非易事，唯一的好方法就是要學會哈佛「書呆子」的學習方法。

所謂哈佛「書呆子」的學習方法，其實就是由哈佛大學的一些熱愛學習的學生組成的秘密學習俱樂部。他們彼此間都是好朋友，但他們對外來學生向來排斥，更別說讓她加入秘密學習俱樂部了。如何才能加入哈佛秘密學習俱樂部呢？希拉蕊為此想盡辦法，功夫不負苦心人，終於她想到了一個好的計策——成為秘密學習俱樂部內部男學生的女朋友。沒過多長時間，希拉蕊成了哈佛大學三年級學生傑夫·希爾茲的女朋友，因為秘密學習俱樂部的會員都是很要好的朋友，所以希拉蕊通過男朋友結識了俱樂部的許多學生。為了能參加俱樂部的活動，希拉蕊連說帶勸，用盡渾身解數，終於達到目的，成為「哈佛書呆子俱樂部」的非正式會員，雖然不是正式會員，可她很滿足，只要是為了學習，正式會員與非正式會員的頭銜沒什麼區別。在這個俱樂部裡，她掌握了新的學習方法和辯論方法。

當希拉蕊和哈佛的高材生們一起探討時事政治、人生理念時，大部分女同學正和男朋友一起風花雪月、對酒當歌、消磨時光。希拉蕊超群的能力就是這樣一點一滴積累起來的。她有自己的理想，她的目標就是成為美國首位女總統。為了實現理想，她必須拼命學習。吃飯、苦讀、睡覺，每天都重複著這些事情，就連她的書呆子男友都不得不佩服她的這股學習意願。對別人來說這種生活枯燥無味，而對希拉蕊來說卻很有滋味。

希拉蕊聽說衛爾斯利女子大學政治學教授安托尼·塔馬托也是一位孤獨學者。他放棄了學校舒適的環境，一個人跑到密西根湖畔的偏僻房子中專心做學問。希拉蕊費了一番周折之後找到了這位教授，一邊做教授的助手，一邊學習孤獨學者的生活方式。她在密西根湖畔的偏僻房子中一待就是好幾個月，在這段時間裡她收穫豐富。掌握了哈佛高材生們學習方法的她又熟悉了孤獨學者的學習方法，再次返回校園的希拉蕊信心十足，她的試卷和報告被教授們給予極高的評價。

希拉蕊學會忍受孤獨，保持內心平靜，親身體驗學者的學習方法，親身感受孤獨學者的生活方式，從而達到目標，實現自己的理想。認識自己和發現自己是人生最難的事，所以我們要忍受寂寞和孤獨，在寂寞和孤獨中反思。

每一位成功的人，他的身後都有一部奮鬥史和一部辛酸史，奮鬥史和辛酸史創造了成功的歷史。他們所走的路不是平安大道，每一步都充滿著曲折和坎坷。

很多人每天都在尋找成功的真理，卻從未找到因為他們其實是早就找到了，卻做不到。因為害怕孤獨，害怕寂寞，不願付出，不願吃苦，喜歡嘴裡念著成功的聖經，手裡握著成功的砝碼，雙腳卻保持不動，原地踏步，這樣的人最終能取得成功嗎？一個人若想功成名就，有所建樹，就要經歷孤獨寂寞之路。古往今來那些偉大的發明，那些被世人讚歎的驚世絕作，都是在孤獨中誕生。而每位成功者也都是在孤獨中滿懷熱情，堅持不懈地努力，為了學業和事業忘我地付出，直至取得成功。

十年寒窗無人問，一舉成名天下知。幸福和成功來自於孤獨和寂寞。想成功的朋友們，在奮鬥的路上一定要耐得住孤獨和寂寞。請一定要記住，成功專屬那些能忍住孤獨、寂寞和不懈奮鬥的人！

# 成功者的調味料

孤獨寂寞的星空也會發出耀眼的光，就像孤獨寂寞的夜空有月亮一樣。孤獨寂寞是一種沉思，但絕對不是空虛，它能培養對生活的熱情和對事業的專注，而空虛只能讓人墮落。在孤獨寂寞中不斷完善自我、充實自我、提高自我，使自己逐漸成熟而厚重，知識得到積累，思想得到昇華，素質得到提高，這樣的人生也將到達另一種境界。

孤獨寂寞是人生中不可缺少的調味料，它造就了完美的人生。能在孤獨寂寞中完成使命的人一定是偉人。只有領略了孤獨寂寞並用自己的力量戰勝孤獨寂寞後，你才會發現正是孤獨寂寞在激勵著你前行。

感受孤獨寂寞，尋找真實的自我，斟滿孤獨酒，痛飲寂寞水，在孤獨和寂寞中咀嚼成敗，總結經驗，踏平坎坷路，實現凌雲壯志。孤獨孕育偉大，寂寞孕育成功！

人在旅途如果總是一味地追隨時尚、追逐潮流，而逃避孤獨和寂寞，不注重精神追求只注重物質享受，註定這一生他都無所作為。如果你在旅途中能抵擋住誘惑、抵禦了干擾，讓自己的心靈在喧鬧中保持一份寧靜，並能默默無聞地付出，無私奉獻，針對一件事情能全身心地投入進去。這樣堅持下去，你的與眾不同必將成就你的事業，帶你步入成功者的行列。

越熱鬧的人最後一定是平庸之人，越孤獨的人最後一定是成功之人。「梅蘭芳所有的成就都從他那一份孤獨中來，誰要是打破了這種孤獨，誰就毀掉了梅蘭芳。」這是陳凱歌執導的《梅蘭芳》裡面出現的一句經典臺詞，這句話啟發了很多人。成功者都是在孤獨中誕生的，如果你的生活永遠太熱鬧，聊天、喝酒、逛街、看電視，你永遠得不到安寧，那你的心永遠無法靜下來。你不去感悟生命、去想想工作，你也許永遠只會是一個平庸之人。

忍受孤獨寂寞是成功者的必走之路，從某種意義上來說，這是獲得成功不可缺少的一個因素。「創業是孤獨寂寞的，要用左手溫暖右手。」這是阿裡巴巴創始人馬雲說的話。雅虎聯合創始人兼CEO的楊致遠也說過，擔任雅虎CEO是一項非常「孤獨」的工作，經常被迫做出兩難的決定。

忍受孤獨寂寞是一種能力，這種能力是成功者所必須具備的，它成為推動你前進的動力。每個成功人士在未取得成功之前都是孤獨寂寞的，一個人奮鬥，一個人承受，即使有人在你身邊，要想真正成功，主要還是靠自己。

耐得住孤獨寂寞就是一片豔陽天，耐不住就是烏雲罩頂。股市也一樣，並不是人人都賺錢。你挺過去了就會賺上一筆，耐不住寂寞反而會賠上老本。面對潮起潮落的股市，如果手裡沒有好股，按捺不住浮躁的心，一路狂追，便會與機會擦肩而過，被牢牢套住，這就叫「偷雞不成蝕把米」，這是很不成熟的投資。股市競爭激烈，優勝劣汰，如果想取得最後的勝利，需要花精力學習，下工夫研究。學習和研究的過程是非常孤獨寂寞的，只有耐得住寂寞，才能學有所成。下跌時耐住寂寞，在強勢行情中也要耐住寂寞，不要等錯過了才知道耐住寂寞的重要性。要學會耐心地等待，用心觀察新的契機。即使沒有新的機會出現也不要亂投資，盲目的追漲殺跌只會造成更大的損失。

無論在股市還是其他市場，都是比耐力、比定力的競爭場所，要想爭取到成功，必須先做一個耐得住孤獨和寂寞的精神領袖。做到這一點了，你就會成為真正的成功者。

回顧盛大總裁陳天橋的成功經歷，他的一句名言「人要首先耐得住寂寞，又要耐不住寂寞」讓人記憶猶新。他剛畢業時找到的第一份工作就是每天給客戶播放宣傳片，工作枯燥無味，充滿無限寂寞和孤獨。但陳天橋耐住了孤獨寂寞，堅持了下來，最後他升到集團公司董事長秘書一職，工作不再無聊而是富有挑戰性、多采多姿，最終成就了現在的輝煌事業。

如果你看了很多成功者的故事，就會發現很多的成功者就是生活中的寂寞者。被尊譽為「中國太空之父」的錢學森，據他兒子透露，錢學森從來不看電視，甚至以看電視為恥，認為看電視就是在浪費生命。這是錢學森早年在美國任教時養成的習慣，在那裡做教授時為了工作和學習多年從不看電視。即使他在家頤養天年的那幾年，也從來不看電視，每天瀏覽報紙。香港大導演王晶工作之餘主要是在寫劇本；台灣近代史學者、作家兼大師李敖從不用電腦……從來不看電視的科學家是如何度過一生的？著名的導演工作之餘為什麼就只是寫劇本？不用電腦的作家兼大師怎麼與外界交流？唯一的答案就是他們經得起孤獨寂寞。

人人都想摘取勝利的果實、工作出色、事業成功、學問淵博，但這必須抵住電視精彩的誘惑，不貪戀使用電腦娛樂的快樂。有的人可能可以堅持住，但如果讓你長期堅持，你能嗎？

面對競爭激烈的社會，你要想不落下、不挨打，就必須先起跑，努力跑在別人的前面。笨鳥先飛、笨鴨先行就是這個道理。努力就得擠時間，時間是海綿裡的水，擠擠就會有的。生活中擠時間，工作之餘擠時間，少看電視，少玩電腦，少參加一些娛樂活動，或許你會感到孤獨寂寞，但明天成功了你就會慶幸自己當時的選擇是正確的。那些所謂的電視劇、聊天、娛樂只是暫時緩解壓力、放鬆心情的一種方式，不能沉溺其中，只有成功才能給自己帶來真正的快樂。正如陳天橋所說，「人要首先耐得住寂寞，又要耐不住寂寞」，想成功必須先耐住孤獨寂寞，只有這樣才有資本耐不住寂寞。

# 堅持，堅持，再堅持

龜兔賽跑的故事家喻戶曉，故事的結局是出人意料的，沒想到一向以快跑著稱的兔子卻輸給了動作慢的烏龜。兔子因為自高自傲耐不住寂寞輸了，烏龜卻克服一切困難堅持了下來，耐住寂寞，贏得了最後的勝利。

投資股票的人也把股票比喻為「烏龜」股和「兔子」股。有一段時間，很多股份像活躍的「兔子」上躥下跳，它們以強勢漲停吸引了股民的注意。在活躍的「兔子」後面還有許多慢吞吞的「烏龜」，它們以不慍不火的走勢考驗著股民的耐性。有人追求旱地拔蔥的快感，有人追求細水長流的纏綿，投資風格各不相同，無論是選擇「兔子」還是「烏龜」，都是根據個人風格而定的。一些業餘炒股者平時沒守到「兔子」反而被「惡狼」咬傷是常有的事，而投資「烏龜」情況就不同了，「烏龜」的速度可以讓我們輕易掌控，如有不測輕而易舉地便能全身而退，不至於賠個精光。

事實說明一切，現在市場上「烏龜」的成績遠超出「兔子」的成績。「羅馬不是一天造成的」，牛股也不可能只漲不跌，事情總是千變萬化的。投資股票一定要有長遠可行的計畫，正所謂「雨露潤物細無聲，滴水穿石有恆心，身心清靜方為道，原來退步為向前」。如果能這樣，贏家一定是你。正如「騏驥一躍，不能十步；駑馬十駕，功在不舍；鍥而舍之，朽木不折；鍥而不舍，金石可鏤」，一切不求最快但求最好，生活在這個浮躁的社會裡，堅守住寂寞就是成功的一半。

阿比達爾是西甲巴塞隆納隊（簡稱：巴薩）的一個後衛，一個耐得住寂寞的後衛。他在走上這條路的時候就知道後衛是必須堅守寂寞的，因為後衛是一個寂寞的職業。

二〇〇四年被選入法國隊的阿比達爾正值青春年少，正是因為他的那份堅守，能耐住寂寞才被人認可，從而成為豪門眼中的當紅炸子雞。俱樂部法甲的霸主六冠王曾邀請過他，歐洲的豪門也不斷關注他，因為足球的時代已進入了優秀後衛短缺的階段了。但他沒有受到誘惑，他不斷地告訴自己：作為一名後衛，一定要耐住寂寞、堅守寂寞；後衛的責任就是阻止對手的進球，雖然後衛在球場上只是配角，但卻是必不可少的，無論是哪支球隊少了後衛就不是一支完整的球隊，巴薩球隊更是如此。

巴薩是個崇尚進攻的球隊，這更需要後衛時刻提醒自己，不能因為盲目進攻而忽略了責任，自己每一次的進攻都會給敵人增加機會，後衛一定要堅守寂寞。阿比達爾也很想像梅西一樣做衛鋒陷陣的大英雄，以一個漂亮的射門結束比賽，可後衛的職責不允許他這樣做；阿比達爾也很想像阿爾維斯一樣攻守全能，上下皆可，但如果那樣的話，一旦被反擊，後果不堪設想。後衛必須時時堅守自己的立場，不能忘記自己的使命，哪怕一生中沒有一個進球的記錄。他雖然算不上偉大的後衛，不能成為像「凱撒大帝」貝肯鮑爾足球皇帝那樣開創一個後衛時代的球王，更不能像薩默爾、巴雷西、瑪爾蒂尼那樣出名，但他阿比達爾的名字卻會讓頂級前鋒膽怯，因為他堅守寂寞、耐住寂寞，最終成為一名優秀的後衛。

可以說後衛阿比達爾是一個非常低調的人，他從不妄自菲薄，能清楚認識自己，知道自己該做什麼不該做什麼。既然自己選擇了後衛就要一直堅守，無論有多少寂寞也要堅持走下來，一步一步走向輝煌。

記得有這樣一個故事：有一位農夫，繼承了祖上傳下來的唯一財產——幾畝農田，於是就在城郊以種地為生，過著面朝黃土背朝天的生活。幾年後，在這附近發現了油田，許多外地人趕來淘金，經濟迅速發展，城市一天比一天熱鬧，城市一天天向郊區擴張。一條條柏油大道出現在農夫所在的城郊，拔地而起的一幢幢高樓整齊而乾淨，讓人羨慕。一些以種地為生的農民開始轉讓土地，有的去城裡打工，有的自己做起了小生意，收入是種地的兩倍，美好的生活開始了。周圍的鄰居慢慢減少，種地的人也慢慢減少，農夫的妻子也曾勸過他，別再種地，進城隨便找點活幹都比種地強。可每次農夫都說：「其他活兒我都不在行，只有種地是我的專長。我希望一直守著它……」很快三年過去了，農夫所在的城郊已不再是城郊，發展成為繁華的城市，他的那幾畝土地被高高的住宅樓包圍。他的家和土地與周圍的高樓和柏油路形成鮮明的對比，成為一道獨特的風景吸引著大樓裡的人。此時的農夫不再種糧食，改為種花卉了，因為花卉的價錢比糧食高。時不時會有人在他家和土地邊散步或玩耍，享受那一份城市沒有的清新和寧靜。因為這裡有自然的氣息、田園的風光、鮮花的芬芳，這些對於長期生活在城市中的人是非常稀罕的。

一晃五年過去了，農夫成了優秀的園丁，而他的家和土地也已經成了一座非常漂亮的私人花園。由於他的花價格低，人也熱情實在，且運輸又方便，每天都能賣出很多，賺很多錢。

現在，農夫已成為一家花卉公司的老闆，擁有千萬元的資產，手下有百名員工，雖然稱不上巨富，在他所有鄉鄰中也算是唯一成功的人。以前的鄉鄰都後悔當初放棄土地，他們說如果當時一直堅守土地，說不定也會有奇蹟發生。

這位農夫給他的員工講過一個故事，是他祖上傳下來的。很久以前的某一天，來了一個要飯的瘸腿乞丐，衣著襤褸，每天做的事情就是沿街乞討。可往往是吃不飽，因為要飯的乞丐太多，有時一家一天要接待四五個乞丐，人們的同情心自然就淡下來了。忍著咕咕叫的肚子，這個乞丐想了一個辦法。他來到一家生意最好的酒館裡，站在牆邊的一幅畫下雙手握花平舉，一動不動。起初沒有人在意這個乞丐，後來則有很多人關注，他們驚奇乞丐居然一直保持這個難以保持的姿勢，有些人學著乞丐的樣子做起來，可是都堅持一小會兒，沒有一個人能堅持下來，毫不起眼的乞丐竟然能做到堅持長久。差不多每一位進酒館的人都會嘗試一下這個動作，時間長了乞丐成了酒館的特色之一。酒館老闆不僅每天付給他「工資」，許多顧客也向他拋錢。這一下，乞丐不僅肚子鼓起來了，錢包也鼓起來了。後來，一家馬戲團經過這家酒館，看到了瘸腿乞丐，聽人們說起他的故事，便把他招去當表演者，他從此過上了衣食無憂的生活。

做了花卉老闆的農夫說：「我就知道，只要我堅守，堅守我的土地，時間越長，我就會越醒目。」

如果你能像農夫一樣認清自己，明確目標，堅定意志，並且擁有足夠的耐心，那你就離成功不遠了。所以說，成功在於堅守寂寞。

# 守住寂寞方能贏得人生

人生之路本來就不是一路平坦，很多時候，沒有鮮花也沒有掌聲，而是荊棘密佈。這個過程中，要守住寂寞，勇敢地走下去。如果你做到了，那麼你就能贏得自己的絢爛人生。

寂寞是一種高遠境界的追求，是風浪過後的一份安然，是成功過後的一份謙遜，是對生命的一種善待，是一種修為。

台灣首席舞王羅志祥，出道十三年的路途卻走得漫長。從偶像團體、搞笑藝人、娛樂主持人、到最後搖身一變成為亞洲巨星，中間的起起落落又豈是一言能夠道盡。

從一九九六年以「四大天王」出道後走紅，四個年輕帥哥風迷千萬少女，其聲勢和草蜢相較也毫不遜色。這時的他意氣風發，完全沈醉在歌迷的追捧之中，認為一切的成功都是理所當然。但是世事難料，隨著其他兩位團員的相繼退出，四大天王解散，他和歐漢聲不得已只好改組兩人團體「羅密歐」，轉型成為搞笑藝人；可是厄運卻總是接二連三的到來，因歐漢聲的兵役問題，羅密歐不久後也被迫解散，只剩下小豬羅志祥一個人繼續在演藝圈裡單打獨鬥；而合約問題也造成官司糾葛，讓他的事業陷入瓶頸，票房毒藥的惡名就這麼無情地被安在他的頭上，就連後台工作人員都敢對他大小聲。

人生，已經到了谷底；但是他卻絕不放棄！在最寂寞的時候，在領受盡人情冷暖後，他學會了堅強、謙遜以及把握機會放手一搏的勇氣。當《娛樂百分百》代班主持人的機會找上門時，他抓住了這個機會，激發出所有蘊藏的能量，重新將自己展現在世人面前。於是，他成功了！在寂寞中學會的謙遜幫助他在演藝圈拓展了人脈，更幫助他理解到對歌迷支持的無限感謝，這些底蘊都成為了他日後事業一飛沖天的動能，造就了今日亞洲最耀眼的一顆璀璨新星。

一個人寂寞時，特別正處在人生的低谷時，這是最關鍵的一個時間點，守住了寂寞就等於留住了希望。對於擺在面前的寂寞，有很多人忍受不住，於是打破平靜，選擇浮躁。在這個充滿著誘惑的世界裡，浮躁的人很容易失去方向、迷失自己，那滿腔熱血、胸懷大志的情懷都被遠遠地拋在腦後。面對五彩繽紛的世界，那份寂寞顯得蒼白無力，微不足道，這樣使人容易放棄自己的執著和夢想，最終會處在低谷中無法脫身。如果一個人處在低谷的時候能保持清醒的頭腦，理性地分析自己、善待自己，進一步認識自己，守住寂寞，他才有可能從低谷走到一個新的起點，贏得自己的絢爛人生。

寂寞的路上沒有鮮花和掌聲，我們要有堅強的信心和不屈不撓的精神陪伴。守住寂寞，守住自己心中的那份堅持；守住寂寞，守住心中的那份承諾；守住寂寞等於守住了自我，方能找到真正的自我。如果沒有寂寞沒有空靈，人的靈魂就無法得以昇華，世間處處都會紙醉金迷，物欲橫流。所以說，寂寞是人生旅途中必經的一個驛站，是一種特定環境下的從容淡定，只有經歷了寂寞的人才會懂得人生的精彩。

寂寞是人生中不可缺少的朋友，它無處不在，有的人已經置身其中，有的人尚未感知。無論是華燈閃爍的城市還是寧靜偏僻的田園，無論是春風得意還是秋風失意，它都無時無刻不隱藏在你的內心深處。當夜深人靜之時，當曲終人散之際，它會悄悄浮上你的心頭，拷問你的靈魂，讓你細細品嘗它的滋味。經不住寂寞的人才會追求燈紅酒綠、拿錢買歡只為片刻銷魂。看那醉了不醒、醒了不醉的醜態，上演悲歡離合的話劇，守不住寂寞，經不住誘惑，任憑心魔氾濫，才會導致身陷迷谷。

愛過了方知感情重，喝醉了方知酒意濃。只有經歷了人生的得失離合，才能坦然面對寂寞，微笑面對生活。

道家創始人老子在兩千多年前就提倡清靜無為的思想；《黃帝內經素問》也記載有「恬淡虛無、精神內守、志閑而少欲、心安而不懼」的養生之道；偉人諸葛亮的「寧靜致遠、淡泊明志」的觀點流傳至今。終其思想就是要守住寂寞、耐住寂寞，在寂寞中磨煉自己，在寂寞中用心做事，在別人不理解、不支援的情況下默默耕耘，不輕言放棄，在熱鬧繁華的背後堅守著一份安寧、一份清冷，這樣守住寂寞才能贏得精彩人生。

在生活中如何面對寂寞，這完全取決於每個人的人生追求和價值觀。有些人認為，寂寞是無聊和空虛的體現。而對於有作為的人來說，寂寞卻是認知與自省，它可以讓人實現在喧囂中無法實現的目標。

只有守住寂寞，才能抵住誘惑，成就自我，贏得人生。繽紛多彩的世界，紅塵的喧囂，對任何人都是一種誘惑，寂寞考驗的是心境，誘惑考驗的是定力，在誘惑面前靜不下心、守不住神的人，由於他的心浮氣躁，最終也會一事無成。古人云：「靜而後能安，安而後能慮，慮而後能得。」從容淡定是一種氣度與志向，瀟脫閑靜是一種能力與修養。凡是成大事者都離不開高遠的境界，而那就意味著要守住寂寞。守住寂寞的人，看清的是自己所面對的時局與環境，牢記的是自己的使命與責任，保持的是旺盛的鬥志與激情，只有守住寂寞才能贏得精彩人生。

# 02

# 忍受寂寞，體會幸福

幸福是一種感覺，它不取決於人們的生活狀態。實際上，幸福的特徵就是心靈平靜，知足者常樂。其實，每個人應是幸福的，因為每個人的身邊都有其他人的陪伴；然而，每個人又是寂寞的，因為不可能人人都心靈相通。寂寞也好，幸福也罷，這取決於個人的心態。

用好的心態看待寂寞，寂寞會給人一種冷靜與智慧，並使人們樹立正確的人生觀從而實現自我價值，找到幸福。若心態不好，人們會在寂寞中消沉，在消沉中迷失方向看不清前方的路，也找不著希望，那怎麼能夠幸福？

# 左手是寂寞，右手是幸福

有人說過這樣一個故事：一個年輕的少婦趁丈夫外出的時候，和舊情人頻頻約會，最後被自己的兒子捉姦在床並報了警。說的人哈哈大笑，可聽的人卻非常惋惜，認為這樣的故事充滿了寂寞與不幸。

人們之所以能夠明哲保身、一身純潔，既不是因為人們堅貞的操守，也不是因為人們堅強的信念，更不是因為我們的婚姻比別人幸福，而是因為這些人能抵住身邊的誘惑、激情。或許人們缺的不是激情，而是那種怦然心動的感覺。

不同的人有不同的想法，對事物也有不同的感覺和反應。有的人自認為別人喜歡自己，也有的人認為即使有人喜歡自己，那也只是浪花一朵或流星一閃，瞬間即逝，不屬於自己的，註定與自己無緣，相聚的時間也很短暫，也就不再繼續發展這種感情。

某雜誌中有這樣一篇文章：

有一對夫婦結婚七年後，丈夫因工作需要出國了，一走就是四年。四年，在一輩子來看很短暫，但對於她的青春來說卻是多麼漫長呀。她每天依然忙碌著，為了生活而四處奔波，為了家庭、為了兒子、為了丈夫，她快樂而平靜地生活。

直到有一天，她在街上偶然碰到了高中同學小林。小林曾經追求過她，她是小林的夢中情人。小林見到她的第一句話就是：「妳還是那麼漂亮。」小林依然過著單身生活。當小林得知她家裡的情況後，經常去她家裡幫助她，慢慢地開始給她送花、給她溫情，此時的她多麼需要這些呀！皇天不負苦心人，小林終於打動了她。可是，在她即將動心的時候，她可愛的兒子告訴她，父親就要回來了，他不想失去父親或者母親。

之後，兒子用節省下來的錢給母親買了一束漂亮的玫瑰。最後，她被兒子的誠心打動了，既說服了自己，也說服了小林，堅守住家庭和婚姻。

沒過多久，丈夫果然回來了，雖然丈夫沒帶回多少錢，但她很開心。因為只要有家就有幸福，這是多少錢也換不來的。從此，他們一家過著平靜而幸福的生活。

聰明的兒子挽救了即將出軌的母親，也挽救了家庭。他使母親守住了寂寞，守住了幸福。

其實，每個人的生活都是平淡的，但外面的景致很繁華，人們的心情也會因此而躁動，此時便需要堅守。只要人們把一切看淡了，就不會為那外面的景致所動。因此，當人們寂寞時，一定要堅守，不然就會像第一個故事中的女人，被自己的孩子抓住，幸福從此離她而去。當你在蠢蠢欲動時守住寂寞，就守住了幸福；耐不住寂寞時，就丟失了幸福。已婚的人們一定要把婚外的風景拒之門外，因為那是一種只能觀賞、不可觸及的風景，即使風景再美麗、再誘人也不能為之所動。

人們都說，「幸福的女人往往都是耐得住寂寞的」。此話絕非空談，而是意義深遠。借一句流行的話說：婚姻是愛情的墳墓，但如果沒有婚姻，愛情將死無葬身之地。短小精粹的一句話既說明了愛情與婚姻的關係，也寫明瞭男女感情的歸宿。作為一個女人，無論多麼優秀、多麼出眾、多麼美麗，如果沒有愛情和婚姻，就算不上是一個完整幸福的女人。著名女藝人如王菲、林青霞、妮可・基嫚等都進入了婚姻的殿堂。女人們不能將愛情和婚姻當兒戲，一定要把它視為理想，不停地努力、不停地奮鬥、不停地維護和經營，不能隨意褻瀆神聖的婚姻。

若想做個幸福的女人，就必須潔身自好。也許妳是平凡的，既沒有沉魚落雁、閉月羞花的容貌，也不是出身名門，更不是畢業於明星大學，其實這些都無關緊要，只要女人們自尊自愛，保持一顆積極向上、樂觀開朗的心就夠了。被喜歡的人所愛，愛著喜歡的人，有親情、愛情和友情的滋潤比什麼都幸福。但凡做到這些的女人都能夠堅守住寂寞、耐住寂寞，因為寂寞與幸福並存。

假如女人不小心觸動了婚姻之外的感情，請妳記住，妳還是妳，和以前沒有區別，他的出現只是流星一閃、曇花一現，之後的平靜會讓妳更傷心、更寂寞，失去的更多。在關鍵時刻不能迷失了自己；必須把持住自己，不能脫離了家庭的方向，可愛的孩子和呵護自己的老公才是女人渴望的幸福的源泉，而一時的激情和短暫的歡愉是不能為女人帶來幸福的。

對於女人來說，婚姻很重要，等待和尋找也同樣重要。請女人一定要耐住寂寞，隨時準備迎接生命中的那個他的擁抱，守住了寂寞也就守住了愛情和幸福。

人們羨慕寂寞時的自由，卻往往拒絕寂寞的纏繞。實際上，左手是寂寞，右手是幸福，一直都是這樣。寂寞就是一種心情，是幸福過後的沉寂。在曲終人散之時，人們的內心歸於平靜，以寂寞為伴，痛苦卻快樂著，寂寞並幸福著。

當自己最愛的那個人去了遠方時，人們才發現，原來幸福與寂寞是如此親密，像兄弟密不可分。細細品嘗寂寞的滋味，你會發現，寂寞也是一種幸福。

雨後的街道正上演著各種各樣的愛情：浪漫的、平淡的，辛酸的、甜蜜的，他們雙雙穿過馬路，臉上露出燦爛的笑容，但他們不知道在這些笑容的背後隱藏著什麼，相信在他們分別的時候也會有寂寞，而回味這種寂寞時也是幸福的。

一個人不一定會寂寞，寂寞只是人們在大腦休息時才有的感覺，如果人們讓大腦不停地思考，寂寞就不會闖入你的心田。所以，當一個人完全忘記寂寞時，寂寞也忘記了他。

所有的離別都不是永遠，所有的寂寞都只是暫時。假如沒有寂寞，就不會有「花自飄零水自流」的思索，因為人們在寂寞時可以「獨上高樓，望盡天涯路」，可以「舉杯邀明月」，可以「坐看雲起時」。人們只有到了這種境界才會發現，其實幸福一直跟隨著寂寞，只是當時沒發現。寂寞時，失落、悲傷、無助都在高歌起舞，愛恨情仇都在落淚成金，幸福在寂寞後顯得更加珍貴。只有經歷過寂寞的人才明白真正的幸福；只有在黑夜裡行走的人才懂得珍惜光明；只有喝過黃蓮水的人才知道井水的甘甜。幸福其實很簡單：有一個美滿的家庭，有慈祥的爸媽，有愛你和你所愛的人，全家人都健健康康，這就是幸福。

由此可見，幸福就在每個人的身邊，人們必須做到懂福、知福、惜福，在寂寞之後盡情體會幸福。其實，寂寞和幸福就像左手和右手，不離不棄，永遠相伴。

# 名利向左走，幸福向右走

有了名利不代表擁有幸福，因為名利與幸福之間不能劃上等號。美國一所大學通過一項調查發現，真正的幸福與名利無關，通常情況下幸福來自「精神上的滿足」。這所大學對一百四十七名大學畢業生進行了追蹤調查，結果發現，很多名利雙收的人不僅沒有幸福感，反而有生活毫無意義的感覺，而真正感到幸福的人則是那些能實現「自我價值」的人。研究人員把「自我價值」所包含的內容整理為「重視個人能力的培養、擁有親情友情、熱於公益事業」等。由此可見，真正的幸福不是物質上的滿足，而是精神上的滿足。一些擁有大量金錢和名利的人身不由己，因為許多事情並不是他們想做的，卻必須要做的，這些人往往沉浸在失落中。很多人都認為有了名利就至高無上，可以對其他人指手畫腳，可以呼風喚雨，但它們卻換不來真正的愛情和長久的幸福。

隨著社會的飛速發展和競爭的日益加劇，越來越多的年輕人把名利和幸福混在一起，認為有了名利就有了幸福。而心理學家經過長期的研究卻發現一個問題，崇金拜利的人更容易患上憂鬱症，而那些對金錢和名利不屑一顧的人卻活得更快樂、更健康。「幸福就是擁有許多的錢和高人一等的地位」，這是大部分人眼中的幸福。為了所謂的幸福，他們努力尋找，費盡心思琢磨。然而在生活中，並不是人人都能夠得到這種幸福，因為它少之甚少，可遇而不可求。當心中的這種幸福狀態得不到實現時，人們會認為自己無能，瞬間跌落到人生的低谷。如果在這個時候得不到幫助，他們就會身陷低谷，對事物喪失興趣，對什麼都持懷疑態度，慢慢就會發展成憂鬱症。其實，成功或幸福在很大程度上取決於人們的評判標準。對於一些人來說，他們沒錢沒權，但他們卻不認為自己是失敗者，因為他們能吃飽穿暖，精神生活很富裕。他們確立的目標切實可行，雖然算不上成功但也活得快樂幸福。

因此，年輕人在追求美好明天的過程中，應該根據自身實際情況制定切實可行的計畫，量力而行，不要好高騖遠、不求實際。成功也好，名利雙收也罷，這些身外之物都不值得人們為之付出太多精力。億萬富翁未必幸福，平民百姓未必不幸福。因此，人們應該不時地問一下自己：我幸福嗎？

誰看淡名利誰就會幸福一生。而如何看待名利則完全取決於個人的態度、個人的思想境界和個人的價值觀念。二〇一〇年《富比士》雜誌公布亞洲慈善英雄，默默無名的陳樹菊女士赫然名列其中，隨後《時代》雜誌更把她選為全球百大最具影響力的人物；這些殊榮，都落到了這位躲在市場一角、默默撿菜賣菜的樸實婦人身上。可是即便風光，她卻反而避開媒體的追逐，因為對她來說，這些光榮都「沒什麼重要的」，對她來說，捐獻、做慈善，其實就是一種幸福，就像她所說的：「知足才會快樂。不知足，全世界給你也不快樂。」

在生活中，有很多人為了追求名利而失去人格、失去自我，甚至於失去生命。經常在報紙上、電視上和網路上看到有些人為了名利、為了金錢而做出傷天害理、喪盡天良之事，最後失去了自由甚至生命。比如，有的人為了利益，高舉「造福百姓」的旗幟，卻做著違背民心之事，大搞「政績工程」和「形象工程」，既勞民又傷財；有的貪官甚至為了名利以權謀私，目無王法，將壞事做盡，挪用公款、受賄千萬，最終的下場仍是法網恢恢疏而不漏。這正是為了名利而使自己失去自由的例子。

漂亮的女人如果以名利為目的而步入婚姻的殿堂，那麼她肯定不會得到幸福。安萬琳有兩個關係很好的大學女同學張夢茵和李曉鈺，最近一段時間，她們三人都將步入婚姻的殿堂。夢茵和曉鈺的老公都是有錢人，有錢有房，認識才半年就談婚論嫁了，只是年齡上有些差距。其實，夢茵和曉鈺跟萬琳一樣，原本也有談了多年的男朋友，只是畢業後她們崇尚高品質的生活，而以前的男朋友的收入難以滿足她們物質上的需求，於是她們便投到有錢男人的懷抱，過著和萬琳不一樣的高調生活。

在別人的眼裡，她們應該很幸福，這令萬琳心裡失落極了，因為這些都是讓所有女人渴望的東西，而自己卻沒有。同時，她的老公剛開始工作，還處於實習期，薪資少得可憐，雙方父母也沒有多少積蓄，她的婚禮簡單得讓人無法相信，萬琳對夢茵和曉鈺說：「妳們真幸福。」幾乎是在同時，夢茵和曉鈺說：「妳才幸福呢！別身在福中不知福，能和自己相愛的人經歷多年的愛情長跑到達最美好的彼岸，這是最幸福的事情。」萬琳問：「難道妳們不幸福？擁有那麼多別人奮鬥多年也得不到的東西，這是多少人夢寐以求的。」她們發出了長長的歎息，那一聲長歎裡既有無奈也有無助，總之不是幸福。

後來，夢茵告訴萬琳，她老公和前妻的兩個孩子天天和她鬧，而她只能忍氣吞聲，不然她會身無分文；而曉鈺悄悄地發來簡訊說，一大家子住在一間房子裡，她必須每天小心翼翼地說話和做事，生怕惹著脾氣不好的婆婆，她活得累極了。

當初，萬琳聽到她們和有錢人結婚的消息時心裡不是滋味，因為她們之間有了距離。後來，萬琳的心理漸漸平衡了許多，因為上帝對每個人都是公平的，讓你在有所得時必有所失，不可能把你想要的東西全部給你。萬琳的老公沒有錢、沒有權，也沒有車、沒有房，但他會幫著她洗衣服和做飯，不厭其煩地陪她逛街，第一時間把薪資全部交給她……那兩個同學的老公能做到這些嗎？

夢茵和曉鈺為了榮華富貴放棄了多年的愛情，最終沒有得到幸福。由此可見，幸福與名利不能時時並存，它們的關係有時候恰恰相背離：名利向左走，幸福向右走。

# 幸福是什麼？

佛曰：幸福本來就在身邊，何須抓住，只要時時刻刻享用就好。

儒家說：幸福在儒家，其實就是幸福在自己，並非有所倚也。

道家講：合於道或自然，順從人和物的天性才是真正的幸福。

禪家論：幸福像一叢竹，它清高、虛心、雅致、實用，最主要的是平淡和虛無。

對於每個人來說，幸福意味著美好，但很難有人能在瞬間說出幸福真正的樣子。

也許你會認為自己不幸福，因為你覺得自己沒有錢，有了錢你才幸福。

也許他會認為自己不幸福，因為他覺得自己沒有權，有了權他才幸福。

也許還有人認為自己不幸福，因為他覺得自己沒有名，有了名他才幸福。

擁有金錢可以使人們住好房、開好車，生活優渥，但有錢不代表擁有幸福；有權可以使人們對別人指手畫腳、讓人順從，但有權不代表擁有幸福；有名可以讓人們被人尊敬、羨慕，但有名不等於擁有幸福。

的確，至高無上的權力和人人崇尚的榮譽能給人帶來滿足感，這種滿足在一定程度上也許會讓人感到幸福，但這種幸福只是短暫的感受，因為人性的貪欲是無法滿足的。

很多人在沒有錢的時候希望擁有金錢，一旦這個願望實現，他們只能獲得短暫的快樂，在短暫的快樂過後就會有更大的貪欲，希望擁有更多的錢；很多人在沒權力的時候希望擁有權力，然而在得到權力之後，他們同樣只會獲得暫時的滿足，之後便希望擁有更大的權力；很多人在沒出名的時候希望將來能出名，然而在出了名之後，往往希望名聲更大、更響，這就是人性中的貪欲。其實，幸福是自己內心的一種感受，是金錢、權力、榮耀無法衡量的，它與權力和金錢無關。

實際上，正常的物質需要和理性的生活追求是人們必須具備的，但一定不要貪。其實，擁有正常的權力和榮耀是一件非常自豪的事情，但任何人都不能過於執著，否則最終會害了自己。一些人只看到事物的表面，認為滿足欲望就是幸福，這種人永遠也無法得到真正的幸福。知足常樂的人才會感覺到幸福的存在。

曾經有一對乞丐夫妻，面對面地坐在橋下。男乞丐手裡捧著一個便當，一人一口分著吃，女乞丐手裡拿著一瓶礦泉水，一人喝一口，他們的臉上洋溢著幸福的笑容。這種互依互靠、同甘共苦、生死與共的情景深深烙在路人的心中。也許人們會忘記在何時看到，但是那情景恐怕一輩子都不會忘記。人們在感動之餘，更多的是敬佩和羨慕。

一直以來，人們都在尋求幸福，其實幸福就是一種感覺，與名利無關。像那對乞丐夫妻，連容身之所也沒有，更別說可口的飯菜。他們在物質上窮得身無分文，在感情上卻是富翁，誰說他們不幸福呢？

世人都渴望幸福，不斷地追求幸福，而最終得到幸福的人又有多少？其實，幸福很簡單，與相愛的人共進晚餐，在夜風中漫步談心，和老公一起陪孩子玩耍，為父母拔掉一根根白髮，做一桌可口的飯菜……這些都是幸福，幸福原本源自平凡，與名利無關。

有兩個從小玩到大的好朋友，他們的身份截然不同：一個是富翁，經營著大公司，住豪宅，開著名貴跑車，天天吃大餐，年收入超過百萬；另一個家裡很窮，是工人，每月只有兩萬不到的薪水，他們一家三口住在七坪大小的租屋處，有一輛二手的三輪車，一週只能吃上一頓便宜的五花肉。

他們處於社會的最上層和最底層，對生活的態度也完全不同。富有的朋友天天都在不停地忙碌，日夜奔波。周圍的人都說自從他成為富翁，就很少見他真正笑過。在他身上，除了工作就是應酬，沒有值得高興的事，即使笑也是在應付他人、應付生活。

而貧窮的朋友卻天天快樂，臉上總像開著的花朵。每天早上，他都會吻別溫柔的妻子，送兒子上學，然後高高興興地來到馬路上，習慣性地打開隨身帶的、已掉了漆的收音機，聽著自己喜歡的戲曲，一邊哼著，一邊開始幹活。

富有的人每次遇到貧窮的朋友，都向他傾訴無盡的煩惱和憂愁：事業發展得不順利，生意又賠了，買的股票在下跌，老婆和他吵架，等等。他說，他最大的心願就是能陪老婆、孩子吃頓飯，去海邊漫步，去旅遊散心。而貧窮的朋友每次和富有的朋友分享的都是無盡的快樂和幸福：兒子又考了全班第一名，一年的學費又免了；妻子申請到低收入救濟了；自己這個月揀了多少資源回收……

一次，一位哲人問富有的人：「你有車有房，要什麼有什麼，別人有的你全有，別人沒有的你也有，你為什麼還這麼辛苦？何不好好享受這一切呢？」富有的朋友一臉愁容地說道：「你有所不知，鋪的攤子越大，身上的壓力就越大。我也想好好玩玩，好好睡上一覺。我的親戚朋友們，他們混得都比我強，我這點財富在他們面前簡直是九牛一毛，不值一提。所以，我必須拚命把生意做大，爭取勝過他們。那時候，我才可以完全放鬆，想幹什麼就幹什麼。」

哲人又問貧窮的朋友：「你是否認為目前的日子有些艱難？薪資不夠一家人開銷，你怎麼還能如此快樂幸福呢？」他笑著說：「昨天我看到報紙上說了，新時代的幸福就是『農婦，山泉，有點田』，這些我都有：賢淑能幹的老婆，聰明可愛的兒子，不體面但讓我開心的工作。我覺得，有這些就足夠了，我心中的幸福就是這樣的。對於現在的生活狀態，我很滿足。雖然我沒有多少錢，但我擁有的這些是有錢人無論花多少也買不到的。」

這個故事告訴我們一個道理：幸福與名利和金錢無關，是否幸福完全取決於自己的心態。富有的人一直和那些生活更優越的人相比較，因此始終無法得到滿足。他所謂的幸福就是更富裕的生活。但他的標準太高，難以實現，所以他始終沒有擁有幸福生活。而貧窮的朋友一直保持著樂觀與滿足，沒有追名逐利，所以很容易得到幸福。

書中記載：「真正的幸福來自內心，不能以金錢、權力以及征服來衡量，如果以強迫等非法手段獲取，甚至以過於執著的態度對待這些世間之物，它們就會成為占有者痛苦和悲傷的根源。」富人有高貴的煩惱和憂愁，窮人有通俗的快樂和幸福。經驗告訴人們，把名利和金錢看得太重的人註定會被名利所困擾、被金錢所誘惑。在現實生活中，有一些人為了追逐名利費盡心思，他們把名利當成生命的支柱而苦苦追求。在目標實現後，他們還要戰戰兢兢、小心翼翼地生活，唯恐把名利弄丟。這種人既不會明白「功名乃瓦上之霜，利祿如花尖之露」的道理，也不會擁有淡泊名利、笑看人生的做人心態，更不會擁有真正的幸福。只有淡泊名利才能快樂、幸福，笑看人生的人才能心情舒暢，因為他們懂得，幸福與名利無關。

# 找尋寂寞的幸福狀態

著名作家梁實秋先生曾說：「寂寞是一種清福。」能把寂寞當作幸福來享受的必定是大胸懷大智慧之人，常人不會把寂寞當作一種享受。那麼寂寞怎樣成為一種清福？梁實秋在書中寫道：「我在小小的書齋裡，焚起一爐香，裊裊的一縷煙線筆直地上升，一直戳到頂棚，好像屋裡的空氣是絕對的靜止，我的呼吸都沒有攪動出一點波瀾似的。我獨自暗暗地望著那條煙線發怔。屋外庭院中的紫丁香還帶著不少嫣紅焦黃的葉子，枯葉亂枝的聲響可以很清晰地被聽到，先是一小聲清脆的折斷聲，然後是撞擊著枝幹的磕碰聲，最後是落到空階上的拍打聲。這時節，我感到了寂寞。在這寂寞中我意識到了我自己的存在——片刻的孤立的存在。這種境界並不太易得，與環境有關，更與心境有關。寂寞不一定要到深山大澤裡去尋求，只要內心清淨，隨便在市廛裡，陋巷裡，人們都可以感覺到一種空靈悠逸的境界，所謂

『心遠地自偏』是也。在這種境界中，人們可以在想像中翱翔，跳出塵世的渣滓，與古人同游。所以我說，寂寞是一種清福。」作家梁實秋的著名散文《寂寞》給人很多啟迪。他把在寂寞中產生的幸福定名為「清福」，即清閒安逸的生活。

一位經商成功的女人說：「只有你花了的錢才是你自己的，你的昨天不管好壞都是你真正活著的人生，因為誰也無法預知明天。」這番話既有幾分哲理，又有幾分含意。因為，現在她每天親自送孩子上學、接孩子回家，將生意交給其他人打理。每次送孩子上學，當孩子和她道別，走進校門，她總是站在原地，許久才離開。此時她就會感到寂寞突然襲來，同時還會感覺到有一種似曾相識的幸福，那種幸福在未創業時也有，現在這份幸福竟然在寂寞之時重新回來了。以前，她總是忙於生意而無暇顧及孩子，孩子從小到大都是和保姆在一起。時間久了，孩子竟然和她生疏了。現在她終於懂得，原來生意不是最重要的，孩子才是最重要的，和孩子相處才是幸福。

那麼，怎樣才能找到寂寞的幸福狀態？有人說睡覺可以找到，其實未必。睡覺只是一種狀態，如果睡覺很沉，雷打不動，忘了一切，何談幸福？如果不斷做夢，使大腦不停地運轉，無法得到休息、無法放鬆思維，那麼就不能進入靜寂，也就不能談及幸福了。

現代人為了能進入靜寂狀態，練起了能控制自己、能駕馭肉身感官、甚至能馴服內心的瑜伽。他們練習瑜伽的最終目的就是要卸下思維神經的負擔，把大腦放空，讓身心放鬆、放鬆、再放鬆，最後進入到靜寂狀態時產生全新靈感。這就像作家梁實秋所說的：悟到自己的渺小，這種渺小的感覺便是我意識到我自己存在的明證。

看完梁實秋的《寂寞》後，你是否也有一番感慨，與作者產生共鳴？人們在與別人相處時不會在意自己，只有在寂寞時才會意識到自己的存在，這種感受既寶貴又難得。有些人總是自我感覺良好，自高自大，居功自傲。實際上，這種人不但失去了自我，也失去了寂寞中應該體味到的那種幸福。

那麼，要如何讓自己進入到靜寂狀態呢？答案是一個簡單、有效可行的方法，那就是祈禱，重複朗誦禱文。簡單的禱文能讓他進入與世隔絕的狀態，只有在這種狀態下，大腦才能得到充分休息。

參加過法會的人都有類似感受，那種感覺的確像那樣，身心完全被「遮罩」，那種靜寂的狀態正是有些人千方百計尋找的。但是，不是只要朗誦禱文就能進入靜寂狀態的，如果有人在朗誦禱文時想著亂七八糟的事，心不在焉，心神不合，那麼將永遠無法進入靜寂狀態。只有在朗誦禱文時心無旁騖，才能找到寂寞的幸福狀態。

這種靜寂狀態下的寂寞並不是孤獨，而是幸福。不過人們只有在心靈真正進入到靜寂狀態時才能找到那種幸福，當然這種寂寞下的幸福也不是永久的，有時只是瞬間。「寂寞不一定要到深山大澤裡去尋求，只要內心清淨，隨便在市廛裡，陋巷裡，都可以感覺到一種空靈悠逸的境界，所謂『心遠地自偏』是也。在這種境界中，我們可以在想像中翱翔，跳出塵世的渣滓，與古人同游。」梁實秋真正地寫出了自己的體會。

邵清峰是個典型的樂天派，在別人看來，他一直是一個活潑開朗的人，沒有煩惱傷心之事。他在日記裡寫道：「努力讓自己成為一個瀟脫隨性的人。」因為清峰從小就羨慕武俠劇裡那些淡定隨緣的俠客，所以潛移默化中具有了這種豪爽瀟脫的性格。可是，每次在半夜醒來，總會有或多或少的寂寞襲來，滲進他堅強的心。

平凡的清峰是幸福的，像許多人一樣快樂，但這並不說明他不曾感受到寂寞。以前的他，凡事都由父母幫忙，遇到麻煩時總會有人相助。後來，他覺得自己長大了，沒有父母的關照他也可以堅強獨立。於是，他搬出溫馨的家，自己租房住，過上了他認為地自由快樂的生活。

一段自由生活後，從未離家的他開始懷想家的溫暖、可貴，對寂寞有了新的體會。

清峰所在的公司，加班是家常便飯，有時甚至要加到很晚。每當他獨自一人回到租屋處後，陪伴他的只有冷冷的月光。每每看著點起的萬家燈火，聽著傳來的歡笑之聲，清峰的心中難免產生孤獨、淒涼之感，他感覺自己是飄浮不定的浮萍，居無定所，遊蕩不停。清峰想，每週都能回家的自己都有如此感覺，那長期在外漂泊的人或許更難過。當此之時，他明白了，為什麼獨自在外的人很快就會投入到一段新感情之中，為什麼畢業後到外地工作的同學都會拋棄舊愛、找到新歡。其實，大家都在躲避寂寞的糾纏，渴望尋找心靈的歸處。

清峰搬家的時候，電器線路出現故障，家人很快幫他解決了。與清峰住在一起的外地同事們，他們什麼事情都得自己做，無人幫忙。每次想到這些，清峰的心裡就欣慰多了，感覺幸福多了。也許在旁人眼中，這個行走在黑夜裡的人是寂寞的，然而，清峰已懂得開始在寂寞裡感恩，感恩父母感恩愛。清峰說，是寂寞讓他明白了這些，感謝寂寞讓他懂得了這一切，這也是一種寂寞的幸福。

# 有一種寂寞叫做幸福

有人說：「在這個世界上，人要耐得住寂寞，因為有一種寂寞叫幸福。」在黑夜裡悄悄綻放的百合不會感到寂寞，因為它點綴了山谷；在貧瘠的石縫裡默默穿梭的小溪不會感到寂寞，因為它的下一站是大海；在煩悶的夏日裡吱吱鳴唱的蟬不會感到寂寞，因為牠擁有美好的希望。

張春蕾是一名國中三年級的學生，每天除了唸書還是唸書。看著鏡子中那張略顯成熟的臉和那雙佈滿血絲的眼，她也經常問自己：寂寞嗎？

每天早晨天剛亮，她便被家人叫醒。艱難地睜開雙眼，迷迷糊糊地吃完早餐，無精打采地來到教室，直到看見老師那張冷得讓人害怕的臉，神經才能再次繃緊，於是瘋狂地學習。

全部時間和心思都放在學習上，她既沒有課外活動，也沒有娛樂節目，天天如此，無味、無聊、無趣。校園裡少了一些熱鬧，多了一些清冷。隨著大考的一天天臨近，她越來越刻苦地讀書，以實現大志。

她的數學比較弱，容易出現疏忽，前幾次的測驗就因為疏忽被扣了分，家人說她沒進入狀態，可到底怎麼樣才能進入狀態呢？好朋友婷婷說，讓心靜下來，調整一下狀態，努力向前衝。班導師曾講過：對於一個大考在即的學生，只有靜得下心來，耐得住寂寞，生命的方舟才能越划越遠！別人都向著自己的目標奔跑，一向好勝的她怎能停滯不前？不能沉淪，不能落後，一定要前進、前進，向著預定的目標努力。她用心進入學習狀態，不斷地補強自己，並把老師的那句話當成座右銘記在心裡。

這時的她再次問自己：寂寞嗎？她的回答很堅決：不會寂寞！因為在寂寞中，她已經嘗到了幸福的滋味。這樣的寂寞或許是上天的一份厚禮，用無數個寂寞的日子換取一生的幸福是一件很有價值的事，學生應當懂得享受寂寞中學習的樂趣。

曾有一對年輕的夫妻不安於貧困，結婚不久便外出闖蕩。初到離家千里之外的地方，一切都是陌生的。沒有住處，他們就住鐵皮屋。在寒冷的冬天，屋子成了冰窖；炎熱的夏天，屋子便成了火爐。但是，他們感情非常好。冬天，男人知道女人怕冷，在晚上睡覺時，他先上床暖好被窩，等她睡覺時再把她摟得緊緊的，生怕凍著她；夏天，男人怕女人熱，在每次臨睡覺之前都會給她準備好洗澡水，然後他不停地往地上灑水，用來降溫。沒有錢買好吃的，他們一日三餐啃著乾糧，配著鹹菜，喝著白開水。女人怕男人身體受不了，於是拚命打工賺錢並買了個電鍋，天天煮他喜歡喝的湯。她看著他大口大口喝她煮的湯，感到幸福至極。她時常感歎，再也沒有比那時更幸福的日子了。

男人和女人吃了很多苦，終於賺了很多的錢。然後，他們擁有了漂亮的房子、汽車和公司，擁有了有錢人擁有的一切。冬天有暖氣，夏天有冷氣，男人再也不用擔心女人怕冷、怕熱了；家裡也請了保姆，一日三餐按時做，女人再也不用擔心男人吃不好，也不再親自給男人做飯煮湯了。

都說患難夫妻同甘共苦，可共苦之後的同甘卻往往不盡如人意。儘管女人住著男人買的大房子，用男人的錢買名牌化妝品、做美容……可女人心裡真正想要的並不是這些。她希望還能像當初一樣，男人對她噓寒問暖，關心備至；希望男人晚上陪她一起看電視，或者一起散散步；或者聊聊心事，不要每晚都應酬到深夜；希望男人能在休息日陪她一起去海邊漫步或者放風箏，不要總是加班；希望男人……這些別人看來很簡單的事情為什麼在他身上卻難以實現？為什麼十幾年前能做到的事情現在卻很難做到？女人做夢都希望回到從前，雖然那時的生活貧窮，但他們都把彼此時時記在心裡，儘管沒有錢，但很快樂。現在有錢了，快樂卻消失了。

男人說，不是他做不到，而是實在沒有時間去做，甚至一點時間也要用來處理公司裡大大小小的事情，因為競爭太激烈，稍不留神便會前功盡棄。現在，他一天到晚忙個不停，休息的時間都沒有，哪裡有閒情雅致陪她放風箏，去海邊漫步呀。以前沒有人際關係、沒有應酬，當然能早早地回家陪她。女人一遍遍地提起，男人一次次地拒絕。時間長了，男人便覺得女人很無聊，而女人卻認為連這麼簡單的事情都不能滿足她，男人一定變心了。

女人不明白，男人現在不能實現多些時間陪她的願望，因為他還在幫她實現當初在鐵皮屋時的願望——即這一輩子讓她吃好、住好、穿好、過上好日子，但卻讓她更加寂寞了。於是，男人和女人有了一次激烈的爭吵，吵來吵去，男人便不想回家了。男人說他太累了，忙於事業、忙著賺錢，沒有精力再和她吵。慢慢的，男人也開始寂寞，後來男人就成了負心漢。不停地吵，最後他們把婚姻吵散了。

其實，他們都不明白，幸福有時候需要寂寞，寂寞與幸福成正比。請記住，有一種寂寞叫做幸福，也有一種幸福需要在寂寞中修行。

其實，現實生活中的一些膚淺和蒼白往往被熱鬧的表面現象所掩蓋。有人喜歡熱鬧，渴望擁有很多朋友，這種人耐不住寂寞；有的人喜歡獨處，孤身一人卻欣然自樂。

寂寞的確難耐，但是，寂寞既是對人的一種考驗，也是人們在身處困境時的珍貴體驗。只有身處寂寞，人們才能自我反省，感悟人生，思索生命。因此，寂寞是人生旅程中必不可少的驛站，人們可以在這裡將自己和生活進行調整，迎接更好的明天。從這個意義上來講，你必須感謝寂寞，是它讓你更專注地投入生活，更清醒地認識自己，更珍惜寶貴的生命。請相信，寂寞也是一種幸福。

# 又寂寞又美好

小寶終於睡著了。看著他睡得那麼香，那麼甜，身為媽媽的詹雨彤心中感覺很幸福。睡夢中的小寶偶爾還會笑一下，雨彤想，他一定又做夢了，這麼小的孩子也會做夢嗎？但是，疑問只是一瞬間，緊接著，雨彤拖著一身的疲憊又去工作了。

今天是雨彤的兒子——小寶的一週歲生日。一大早，雨彤趁著小寶還沒醒就去菜市場買雞魚肉菜，為小寶的生日做準備。她的老公為小寶買了一個漂亮的生日蛋糕。畢竟這是孩子第一次過生日，蛋糕當然不可少，更何況這個小傢伙很喜歡吃。

因為來的都是親戚，雨彤和老公決定在家吃，不去餐廳。到了下午，雨彤和老公便明確分工：雨彤洗菜，老公炒菜。總共有八個菜，都是一些簡單的菜。大家吃得很開心，而雨彤最後才吃，因為她要餵小寶吃，所以等她吃飯的時候桌子上只有大家吃剩的菜。儘管她喜歡的菜都被吃光了，但她仍然很高興，因為小寶已經吃飽了。這一點她早習以為常了。每逢這種場合她都這樣，總是最後一個吃，然後還得「收拾殘局、打掃戰場」。

吃完飯，大家邊吃西瓜、邊看電視。小寶吃得滿身都是，小臉上、脖子上、衣服上都是黏糊糊的西瓜汁。雨彤一邊餵小寶吃西瓜，一邊不停地為他擦嘴巴，自己卻無暇吃一口西瓜。等小寶吃飽了，雨彤便給他換上乾淨的衣服，然後哄他睡覺。此時的雨彤也累翻了。其實，她每天都很累。小寶很胖，才一歲，體重就達到了十六斤，而小寶從不讓爸爸抱，每天都附在媽媽身上，即使雨彤做飯炒菜時都不例外。因此，雨彤經常腰痠背痛，轉念一想，兒子是自己的心頭肉，再累，也值。

勞累只是暫時的，小寶帶給她更多的是幸福。有一次，雨彤家裡來了許多客人，大家吃完飯後就開始聊天，在床上玩的小寶竟然大便了，小寶的小阿姨邊捏著鼻子邊說：「臭死了臭死了，快離開這兒。」小寶卻不理她，依舊擺弄他的玩具。

然後大家都出去了，只有雨彤一個人在那裡收拾小寶的「殘局」：換床單。雨彤說，無論小寶做多少「壞事」，她都非常喜歡他，因為他給她帶來了很多快樂，讓她很幸福。雖然有時候自己很累，可每當想起小寶就滿心幸福。

雨彤是一個開朗活潑的人，以前經常和老公一起去唱歌。可自從有了小寶以後，她再也沒有去過那種場合。現在，老公經常和朋友們一起去，只剩雨彤和小寶在家。有時候，她是多麼希望去KTV，調整一下自己的情緒。但她現在是媽媽了，不能太任性了。再說，現在的她把一切都給了小寶，愛小寶勝過愛自己，再寂寞無聊也要在幸福裡感化，這就是母愛的偉大之處。

雨彤在日記裡寫道：「親愛的寶貝，你是媽媽的最愛。為了你，媽媽可以付出一切。為了你，媽媽放棄了喜歡的業餘愛好；為了你，媽媽減少了和朋友們旅行的機會；為了你，媽媽不參加聚會；為了你……你看，自從有了你，媽媽的生活圈子就縮小了，甚至小得令自己有些寂寞了，但媽媽不後悔，因為媽媽是在寂寞中享受幸福。」

世人皆寂寞，寂寞並不只意味著失落、孤獨、傷感，它是一份寧靜、一份灑脫、一種幸福。

東晉詩人陶淵明的「採菊東籬下，悠然見南山」道出了寂寞的灑脫；宋代詞人李清照的「簾卷西風，人比黃花瘦」道出了寂寞的婉約；唐朝詩人李白的「我歌月徘徊，我舞影淩亂」道出了寂寞的豪放；唐朝詩人柳宗元的「孤舟蓑笠翁，獨釣寒江雪」道出了寂寞的孤傲……

寂寞深藏於每個人內心最柔軟的角落，也是一種頓悟，它既是一種境界。它帶給人一種恬淡幽逸的境界。人們在這種境界中可以遠離紛擾的塵世，任思緒在自己的思想空間裡自由飛翔，憂傷和淚光已遠離身旁，陽光和希望充實著內心，痛苦也消失在遠方。只有在此時，人們才能讓浮躁的心回歸自然，使疲憊的身體完全放鬆。

世界越來越精彩，人們的心靈卻越來越寂寞。愛情被欺騙了，良知被掩蓋了，親情被擱淺了，友情被淡忘了，身心被壓垮了……一種人把寂寞表現在臉上，一種人又把寂寞深藏在心裡；一種寂寞卻是表面的，另一種寂寞是內心的；一種是精神上貧乏的寂寞，另一種是精神上富有的寂寞。但是，無論哪種寂寞，其產生的根本原因都在於自身沒調整好心態，無法理解別人的思想、情感，或者自己的思想和情感得不到別人的理解。其實，只要認清方向，明白寂寞只是生命的一種形式，就能打開心結，看到光明。

給人間帶來無數光明和溫暖的太陽是寂寞的；點燃夜燈的月亮也是寂寞的；懸崖峭壁上的青松更是寂寞的……寂寞有時也是一種幸福，可以讓人們找到心靈的歸宿，更清楚自己的位置，享受生活，實現精彩人生。

一位作家曾經說過：「與文字有關係的孩子與快樂無關。」喜歡寫作的關盧林說，他記住這句話是因為它的荒謬，它的毫無道理。因為在文字的世界裡，盧林很快樂，很充實，也很幸福。

文字的一筆一畫都是寂寞的線條，拆開的文字全是零零落落的碎片，造字的人也是寂寞的。愛上寫文字的人同時愛上了寂寞。寫文字向來都是一個人的事，與他人無關，與周圍的喧囂無關。喜怒哀樂最終是一個人的事。

喜歡寫文字的人總是喜歡獨處，喜歡夜深人靜時那一份寂寞，喜歡斷斷續續敲打鍵盤的聲音。彼時，就是讓人陶醉的音樂都是一種打擾。只有保持絕對的清淨，才能用心構建心中的另一道風景。

關盧林喜歡這樣的寂靜無聲，喜歡全世界都安靜。因為寫作本來就寂寞，選擇寫作需要放棄很多的東西：閒聊、聚會、娛樂活動，選擇了文字就選擇了清冷，註定與別人的熱鬧無關。但是，為了喜歡的文字，他選擇與寂寞相伴。

盧林說，自己一直是個喜歡清靜的人，不喜歡熱鬧，也習慣於這樣的生活。一個人看書、一個人寫字，一個人吃飯……當然，他也會參加些娛樂活動，感受別人和自己的狂歡，在熱鬧過後，自己很安心，因為他還能適應社會，然後繼續過著與文字有關的生活。

有文字陪伴是一件幸福又快樂的事情。看著它們在自己的筆下開出絢麗的花朵然後結出碩果，生活也隨著精彩起來。一切得與失、好與壞、貧與富都變得不再重要，重要的是故事中的人物和情節，憂傷和煩惱都會在這裡化作安寧，寫作的人也會在文字構成的世界裡找到美好的歸宿，然後微笑著面對每一個燦爛的日子。

繪本作家幾米曾寫過《又寂寞又美好》一書，帶給許多人、特別是都市人深深的慰藉。愛好文字的盧林也喜歡《又寂寞又美好》，他說他會一直帶著它，直到走向生命的終點。他所喜歡的文字，他也要帶著它們走到終點，這是他一生的願望。

以前他不會用電腦寫作，都是用筆來表達自己的情感。面對冰冷的電腦，他打不出一個文字。於是他就先用筆寫，然後再輸入電腦。用筆寫的過程是快樂的，而再次輸入電腦的過程卻是痛苦中夾雜著麻木。也許是他在用手寫的時候傾注了太多感情，而輸入電腦時卻無法將情感重複，因為文字需要靈感的激發。

後來，盧林慢慢地習慣用電腦寫文章了，也有靈感了。於是，在安靜的夜裡，他不再用筆描述人生和故事了。看著文字經手指敲打變成了一朵朵鮮花，散發著醉人的芳香，盧林心裡幸福極了，這是任何快樂都替代不了的幸福。

別人都說他是一個寂寞的人，因為他經常自己坐在角落裡會忽略身邊的人，可寂寞的人擁有別人沒有的幸福。他人在沉默的時候會想到最美的文字，最想和文字在一起，他帶著文字走過了人生四季。雖然這是一次寂寞的旅途，但這旅途裡卻充滿幸福。

這是一種只有在寂寞中才能享受到的幸福。實際上，無論一個人從事何種職業，只要他耐得住寂寞，必然會得到幸福。

# 從平淡中體會幸福的滋味

太陽每天都從東方升起而落入西山，於是夜晚悄悄來臨，週而復始，讓人來不及回味和思索，驀然回首間才發現：孩子已長大，父母髮已白，而自己的面孔也已不再年輕。

也許你會感到生活過於平淡、缺少色彩，其實真正的生活就是平平淡淡。從孩子出生到牙牙學語，從剛會站立到第一次走路……這些都是看得見、摸得著的幸福。每次，當孩子取得一些成績、學會一些東西，你都會為之自豪，心裡充滿著幸福。試想，在你有生之年能看著他長大成人，能看著他為了理想而奮鬥並最終如願以償，能看著他成家立業、娶妻生子，作為父母的你是多麼幸福呀！每當吃飯時，丈夫對你做的飯菜大大讚賞，你的心裡會幸福；每當穿上一件新衣服，兒子說你真漂亮時，你也會高興。在週末一家三口去旅遊，充分享受大自然時，每次和丈夫談心時，每次……這些都是幸福的事情，雖然它平平淡淡，但的確充滿幸福的滋味。

經常聽人說：「看人家多幸福！」說這句話的人好像從來都不幸福，幸福只是別人的事，從不光顧他們。其實，只有不懂得生活，不會享受生活的人，才會與幸福擦肩而過。如果你本身不熱愛生活，那幸福也不會光顧你，即使到了你的身邊，它也會悄然離去。其實，幸福存在於每個人的身邊，當你在工作上取得進展、得到長官和同事們的認可時，你是幸福的；當你的家庭和睦、與鄰居相處融洽時，你是幸福的。當你失意，朋友勸導你時；當你成功，朋友恭賀你時；當你為夢想努力最終取得成果時，你都是幸福的。

因此，那些說自己不幸福的人不必天天生活在抱怨之中，也不必為自己尋找不幸福的理由，何不捫心自問：為了幸福，我付出過努力嗎？如果你說沒有，那麼就從現在開始努力，從點滴著手，你一定會打開幸福之門。打開幸福之門後，你會發現生活那麼美好，天空那麼藍，草地那麼綠，天地間處處都是那麼美妙。發現了幸福的你也許會說，生活真好，活著真好，有朋友真好，幸福真好。

人生在世，轉瞬即逝，既不會有太多的大起大落，也不會充滿無數的坎坷。人們生命中的大部分時間都是在平淡中度過的，平平淡淡才是真幸福。珍愛自己、珍惜每一分每一秒，睜開雙眼的你會發現自己一直都活在幸福中。

實際上，幸福就是一種體驗。有了喜歡的人是一種幸福，被人愛上是一種幸福；有人為你分擔煩惱也是一種幸福；被人等待也是一種幸福。總之，幸福存在的方式千千萬萬。其實，平淡的幸福，在生活中隨時都能找到。只要你具備一顆感恩的心，懂得珍惜就會獲得幸福。一定要記住：不要總是拿以前的錯誤來懲罰自己，也不能用自己的錯誤去懲罰別人，更不能用別人的錯誤來懲罰自己，要時時保持一顆平常心。做到了這些，你才能是個幸福的人。

幸福是一種心態。小販一天能賺五百元就很高興，為什麼那些做生意的大老闆們一天賺幾萬都不高興呢？究其原因還是他們的心態問題。小販說，每天賺三百元就夠一家人吃飯，賺了五百元錢當然高興了；而那些大老闆們卻想把天下所有的錢都歸於自己名下，有房子有車子還想有情人，他們永遠得不到滿足，因此才不快樂。

有一對夫婦雙雙遭到裁員，每月僅靠低收入戶補貼生活。鄰居最初聽到他們被裁員的消息時都以為他們會受不了打擊，甚至會尋短見。但每次見到他們的時候，卻發現他們不是愁眉苦臉，反而很快樂的樣子。有一天中午，一位鄰居問那個男人：「你們都沒工作了，怎麼還這麼高興？」他笑著說：「愁有什麼用，還不如順其自然。再說我們有手有腳，餓不著。」他還說，昨天晚上對老婆說他想吃炸豆腐，沒想到今天中午就如願以償了。鄰居聽了這番話，終於明白他們為什麼如此快樂了。

幸福的感覺有時候既奇怪又微妙：擁有金錢的人不容易得到幸福，貧窮的人卻很容易得到幸福。其實貧窮不可怕，關鍵在於心態。如果人們在貧窮時能坦然面對，從中找到快樂，就會感到幸福。人不應該太貪心，正如印度詩人泰戈爾在詩中寫的那樣：「翅膀綁著黃金的鳥兒飛不起來。」有首歌是這樣唱的：「你幸福嗎？我很幸福。你快樂嗎？我很快樂。」然而，生活中卻很少聽到這樣自信和滿足的回答。世人都在不停地尋找幸福，孰不知幸福就在人們的身邊。

春節期間，秦子莫和老公都放了幾天假，他們每天晚上吃完飯都要帶著兒子去海邊走走。兒子貪玩，他們就耐心地坐在軟軟的沙灘上等，一邊看著高興的兒子，一邊聊一些趣事，老公偶爾會幫子莫理理被風吹亂的頭髮，並把薄薄的外套給子莫披上。儘管五月的天氣不冷，可海邊的風卻涼爽，雖然微不足道，可子莫的心裡卻幸福極了。

一直以來，子莫都相信：兩個人能夠走到一起是緣分註定，這就是幸福。他們的婚姻讓她感覺很滿足，因為她是個知足的人：每天早上醒來，第一眼看到的便是身邊的愛人和兒子，這個大孩子和小孩子給她帶來了每一天的幸福和美好。想到這些，子莫心裡就像陽光一樣燦爛。儘管這些溫暖在別人眼裡不值一提，但這是婚姻最真實的寫照。當家庭的瑣碎取代海誓山盟時，當廚房的油煙味取代紅玫瑰的芳香時，人們知道堅實的婚姻背後是忍耐和寬容、體諒和遷就，和與自己一生相伴的人共同牽掛著彼此，共同分享著快樂。

其實，真正的幸福就是每天上班時的一句囑咐，出門在外時的一句問候，回家時的一份呵護，喝酒時的一絲抱怨。如果人們能在平平淡淡中固守著一份執著和堅貞，能在平平淡淡中體會幸福的滋味，那麼，生活中的點點滴滴都是幸福。

# 03

# 讀懂**寂寞**，從而**堅強**

寂寞和堅強猶如一對孿生兄弟，人生道路上，兩者總是結伴同行。寂寞是堅強品性的培訓員，而且是一個優秀頑強的培訓員，沒有寂寞就沒有堅強；寂寞有時又像我們人生中的頑敵，雖然與頑敵相處並沒有那麼輕鬆，但它卻是我們不斷成長和進步不可或缺的老師。它會直擊我們最脆弱的地方，它會狠狠打擊我們的弱點和短處，它會對我們的虛偽和矯飾百般嘲笑，它會譏諷我們的懦弱和不自信。

但如果我們面對寂寞，面對它打擊我們的種種傷痛和軟弱，我們就有能力修復自己的心靈創傷，避免掉入內心的心靈陷阱，擺脫各種負面情緒的折磨，獲得自在和安然。只有你經得起寂寞的考驗，你才能迅速地成長。就如同世界上不會有未經風浪就成長起來的好水手，堅強就是在勇敢面對寂寞時一點點成長起來——有寂寞，要獨自承受，因為你只能求助自身。

體驗人生，包容一切。不要逃避，你將在寂寞中收穫到人生真正的財富。順應因緣，就是要對一切坦然面對。既不為自己的快樂設定標準，去刻意追求什麼，也不選擇消極應對人生的應有之事，不去逃避應該經歷和體驗的人生旅程，而是在全然投入中去體驗人生的種種。在此過程中保持清醒，尤其是要勇敢品嘗寂寞發酵出來的人生苦酒。這正是發現自己心中的妄念，更深刻地體悟生命，獲得人生智慧和真義的鑰匙。

# 寂寞與堅強是成功者的左右手

西方有這麼一句話：「世界上最堅強的人，也是最寂寞的人。」寂寞是世上最刻骨銘心的磨礪之一，寂寞在生命之初就深深埋在人類內心之中，並像種子一樣代代相傳。

人類作為群居動物，從起源之初，就靠與同類建立各種關係來維持個體以及整個種族的生命，因而在人類漫長的生命旅途中，寂寞成了人類生存道路上最大的敵人之一，每個個體都要千方百計地克服寂寞，與他人建立各種關係，來獲得物質上、精神上的幫助和支持，減少因寂寞所帶來的不安和恐懼。集體的力量可以幫助我們更好地應對這個未知的世界，更好地生存下去。

在人類歷史的早期，人類還處於自己的童年時期，對外界的認識知之甚少！未知意味著危險，未知也就在人類幼小的心靈深處種下了恐懼的種子。而與同類建立起堅固的聯繫，把個體的生命緊緊地捆綁在一起，形成一個穩固的整體，不分彼此，就能顯著增強人類自身的力量，幫助我們更好地應對未知的自然界，為單個個體生命帶來安全感，帶來更多的物質保障和心靈慰藉。這就是人類群居動物的本性，群居動物的本性通過遺傳和文化，在人類社會中保留了下來，而其方式則是人類起源之初在每一個人的內心深處種下的寂寞種子，這顆種子在每一個人的心靈土壤中生根發芽、開花結果，並且這果實所孕育的種子又在下一代的心靈土壤中深深埋下，從此代代相傳。

每個人內心深處都會不時地泛上深深的寂寞感，它像千萬隻昆蟲一樣噬咬著你的心，讓你無聊、痛苦、焦躁、抑鬱，苦悶不堪。寂寞的感覺如此強烈、如此深刻、如此讓人難以擺脫，就像每個夏季必來的颱風一樣，以鋪天蓋地之勢登上你的心靈大陸，然後施展自己強大的淫威，肆意破壞著你心靈大陸上的一切，讓你不堪忍受這種種煎熬和折磨。寂寞是人心靈中最強大的力量之一，沒有人能夠逃避它的擊打，每個人都要經受這種心靈的砥礪。

現代人的寂寞感似乎有過之而無不及，因為我們的工作方式、生活方式正將我們困在一個個孤島之中。市場經濟的發展要求分工和交換的細化和深化，經濟生產和營運方式中分工的深化，讓世界上每個國家、每個國家的不同地區、每個地區的不同企業、每個企業中的不同人都有了不同的事情。國家與國家之間有產業分工，一個國家中的不同地區則有不同企業的分工，而一個企業中的每個員工則被大大小小的職位所限定，每個人只要做好自己分內的事，就能夠很好地製造出食品、衣服、汽車、輪船甚至太空梭，這些商品通過貿易（也就是交換）實現在不同人、不同地區、不同國家之間的互通有無。於是，每個人不用參與全部勞動的過程就可以擁有美味的食物、漂亮的衣服和舒適的汽車、房子等商品。

市場經濟為我們帶來了物質的繁榮，但卻創造了一個個孤島，每個人的職業、所在單位、崗位、工作地就是他所在的孤島，人們被死死限定在自己的這個工作孤島上，只有當工作上存在必要時才能與其他相關人士接觸，工作就這樣限制了他的人際圈，因而人類社會之中存在著很多個截然不同的「圈子」。與此同時，越來越多的人離開了自然、易於相互聯繫和認識的村莊，擠進了鋼筋水泥構築的城市森林中，住進了一個個猶如鴿子籠似的現代高層建築中，雖然人口聚居的規模和密度越來越大，但由於上述工作因素以及這種不易建立關係的居住條件，人與人之間的聯繫卻變得單一和稀少，每個人都生活在因工作、親情等因素所形成的圈子中，與其他圈子的人來往甚少，自己的人際關係範圍也越來越狹窄。

上述這種情況進一步加劇了現代人的寂寞感，催生了大量的「宅男宅女」，因為工作中沒必要與過多的不相關之人聯繫，他們的人際範圍也就非常狹窄，這使他們減少了建立與他人之間的各種豐富關係的可能。同時，這也促使他們自以為自己不需要更多的人際關係，所以將自己更多的注意力轉向自身，開始在完全屬於自己的天地——自宅之中構建自己的精神生活世界。不過，經常來襲的深深的寂寞感證明，他們並非不需要如此豐富、親密的人際關係。為了能夠排解自己的寂寞，苦悶不已的「宅男宅女」們開始用手機和網路與他人聯繫和交流。這正是一種彌補，對於豐富、親近人際關係缺失的彌補。

雖然發達的網路和通訊技術能夠幫我們建立更多的與外界之間的聯繫，但我們很難從這種虛擬的與陌生人之間的溝通、交流中獲得那種被需要、被信任以及親密、安全的感覺，我們的寂寞仍然像一顆顆定時炸彈一樣埋藏在我們心靈的每一個角落裡，一不小心就會突然引爆，讓我們遍體鱗傷。

所以，現代人的寂寞感正在不斷增長，但我們當前的工作和生活方式卻在限制我們獲得各種情感的慰藉和信任，阻斷各種情感交流，使我們內在的需求難以得到滿足，生命本能中種下的寂寞種子在這種環境的滋養下快速生長，枝繁葉茂，觸碰到我們心靈中那一處處的傷疤，一陣陣的揪心之感從心靈的深處傳遞出來，讓我們墜入痛苦的深淵，不能自拔。

由此可見，寂寞是人的生命構成中無法捨棄的一部分。就像月宮中的那棵桂樹，任憑吳剛一刻不停地揮舞著手中的斧頭，它被砍掉的部分又會在瞬間長出來。你越是痛恨寂寞、想盡辦法來填滿內心的空虛，越是助長這棵寂寞之樹的生長。就像給它澆水施肥一樣，在片刻的、暫時的忘卻後，它又變得比之前更強壯、更碩大，在你促不及防之時，猛擊你心中最脆弱的部分。

寂寞伴隨著我們的一生，隨我們的成長而成長，它既是我們一生的頑敵，也是我們一生最忠實的朋友。頑敵有時是我們最可靠、最信賴的朋友，這看似矛盾的一對卻能夠相互轉化。當然，只有充滿人生智慧和勇氣的人才能很好地實現這個轉化。

此外，寂寞也是優良的培訓員，而且是一個優秀、頑強的培訓員，它盡忠職守，兢兢業業，不會有任何怠懈，也絕不會放棄自己的工作。只要你經得起它的考驗，你就能迅速地成長。世界上不會有未經風浪就成長起來的好水手，也不會有未經擊打就鍛造出來的好鋼材，堅強的人也無一不是在艱難困苦的訓練營中畢業的。在這個訓練營中，寂寞是堅強最大的敵人，也是最好的老師。人生雖有很多困難和傷痛，但只要你的周圍有一群善良、智慧、熱心的親人和朋友，你便能在他們的鼎力支持下順利度過各種難關。不過，人生的旅途中並非常常如此，你會遇到許多需要你獨自承擔、別人難以分擔的苦和痛。這時，你的無助所帶來的孤苦讓你彼時的痛苦感覺加倍，你只能獨自一人品嘗這苦果，消化這悲愴，你承受的壓力和重量是如此之重，以至於你的雙肩都顫抖不已。「堅強、堅強」，求生的本能會在你的內心深處一遍又一遍地呼喚著這個詞。你只有保持堅強才能不被打倒，才能負重前行。

堅強就是這樣在勇敢面對寂寞時一點點成長起來的。因為有寂寞，因為要獨自承受，因為你只能求助自身，從心靈深處呼喚勇氣和力量，你才得以堅強起來。在人生漫漫的旅途中，寂寞與堅強始終形影不離，圍繞在你的左右，陪伴著你在順境或逆境中一同向前。

居禮夫人和丈夫發現鐳元素的故事就是一個堅強與寂寞同行的最佳例證。居禮夫人家境貧寒，為了能夠念完大學，她省吃儉用，四處打零工賺取學費和生活費。後來，在她與丈夫從事科學研究的過程中，他們決定把主力方向放在一種能產生放射性現象的物質上。當時，科學界只發現鈾的鹽類會產生放射現象，但並沒有搞清楚這種現象如何產生的。居禮夫婦決定從鈾礦中提純這種放射性的物質，由於沒有錢買大量的鈾礦，他們就用瀝青狀鈾礦的殘渣來作為替代品，由於這種殘渣中所含放射性物質較少，他們不得不弄來大量的殘渣，而處理這麼多殘渣是一個耗時耗力的工作，他們需要給這些殘渣不斷地加熱，不斷地攪拌。為了完成從這些殘渣中提取放射性物質的實驗，他們把實驗室當成了自己的家，餓了睏了就在這裡啃點麵包，休息一下，然後繼續做實驗。就這樣，他們整整堅持了四年。

在此期間，他們只參加一些重要的學術活動，與同仁的來往也不多，把絕大部分時間都用在了提取這種放射性物質上，那需要忍受多大的孤獨和寂寞啊，但堅強的居禮夫婦卻做到了。他們抵擋住了外面世界花花綠綠的誘惑，更沒有被實驗的繁重、無聊嚇退，在科學研究這條寂寞又艱苦的大道上，他們堅強地走了下去，巨大的寂寞成了他們堅強品格的最好詮釋。如果沒有這份寂寞中的堅強，他們不可能成功地在瀝青狀鈾礦的殘渣中發現放射性物質「鐳」。

更可貴的是，雖然居禮夫人在成功提取鐳及其他一些放射性元素之後，各種榮譽紛至沓來，有諾貝爾物理獎、有英國皇家學會頒發的金質獎章等，但居禮夫人卻沒有被這些無上的榮譽衝昏頭腦。有一次，居禮夫人的一位朋友前去看望她。進了居禮夫人的家門之後，他驚訝地發現，居禮夫人的小女兒正在玩弄她母親所獲得的英國皇家科學院的金質獎章。他大惑不解地問道：「英國皇家科學院頒發的這個獎章這麼貴重，你怎麼能把它當玩具給自己的孩子玩呢？」居禮夫人微微一笑，答道：「我這樣做只是讓孩子們從小就明白，這些榮譽只能當作玩具玩玩而已，不可以太當回事。」

著名科學家愛因斯坦是這麼評價居禮夫人的：「在我所認識的眾多知名人物

中，居禮夫人是最不為盛名所昏頭的人。」名譽和金錢在居禮夫人眼裡都不被當回事，因為她很清楚，名譽將把自己的精力更多地浪費在毫無意義的應酬上，這將影響自己可以用在科學研究上的時間和精力，她甘願在科學研究的那條寂寞道上一個人堅強地走下去。這對於其他人來說是很難做到的。

寂寞與堅強是成功者的兩根拐杖，幫助他們沿著崎嶇、清冷的山路走向成功的山頂。西方有句諺語：「只有最偉大的人，才能在孤寂中完成自己的使命。」寂寞是我們獨自攀登成功的山峰時必然要遭遇的，我們需要沿著自己認為正確的山間小道往上攀爬。在此過程中，我們很少有同行者，我們把大部分時間和精力都投入到了這一探索、攀登的艱難過程中。因此，我們需要下定決心砍掉自己眾多的娛樂項目，減少會客和交友的時間，以便集中時間和精力來做好手頭上的各項工作。

當我們幾乎將所有時間都投入到走自己的山間小路時，我們會時不時地遭到他人的打擊和嘲笑，他們會對我們的工作提出質疑和否定，我們甚至得不到家人和朋友的支持，尤其是當我們在探索、攀登的過程中遇到曲折和原地踏步時，反對的聲音和力量會越來越大，支持者也越來越少。此時，我們將真正成為孤家寡人，在濃重的孤獨和寂寞氛圍中體會到令人窒息的感覺。在寂寞中，我們會對自己當初的想法產生懷疑，會陷入彷徨和搖擺。不過，寂寞並非只會對我們產生不利影響。寂寞中我們能夠保持清醒，寂寞是我們進行反思的最好心境。因為寂寞，我們不得不依靠自己，從而促使我們堅強起來，應對眼前出現的各種挑戰。

寂寞和堅強兩者聯繫如此緊密，你若不能耐住寂寞，不能全然接受寂寞，不能抵擋頭腦中的各種誘惑和妄想，那就只能選擇逃避。同時，在逃避寂寞中，你也會與堅強失之交臂。堅強的人從不害怕寂寞，他們只把寂寞當作自己的一個朋友，一個慣於批評的朋友，在與它共處中向它討教，學著面對一切挫折和苦難。

最近火紅的網路影片中，出現了一位「高鐵上的小科學家——吳承儒」，他以十五歲的小小年紀奪得了「台灣國際科學展覽地球科學科二等獎」，是所有參展人中年齡最小、差距最大的一位。

一切的開始，都只是一個好奇：他想知道地層下陷與高鐵之間的關聯——於是他向父親分期付款，借了十五萬，一個月內坐了兩百趟高鐵，每天凌晨五點出門、八點回家，幾乎是一個人住在了高鐵上；回家後他不但要繼續分析數據，同時還要準備國中基測，短短一個月就讓他瘦了六公斤。

而這些都還不是最難的！由於沒有足夠的基礎知識，於是他自己上網搜尋測量震動的方法、設計測量儀器、學寫手機程式方便測量震動、到台大進修傅立葉分析、透過網路學習耶魯大學的物理課程……在這些過程中，都只有寂寞與他相伴。身邊的親人只能給予他默默的支持，周邊的朋友也無法給予他實質的幫助，一切都只能靠自己的堅強，在一次次的碰撞與失望中，憑藉一個最單純的好奇而讓他堅持下來。最後，他成功了！就如同大賽評審的李忠謀教授所說：吳同學的專題是很生活化的，每個人都做得到，但每個人都沒去做。

是的，我們都只離成功一步，而這一步就叫做寂寞。

很多時候，那些成功者不僅能夠享受成功的喜悅，而且在此之前，他們早已學會了品味失敗和挫折帶來的痛苦和彷徨。這同樣是一杯好酒，雖然苦，卻是那麼發人深省、啟迪無限，又是那麼激發勇氣和力量，而釀造這些好酒的就是寂寞。在寂寞中，這些悲傷、痛苦和迷茫、失落會不斷發酵，不斷醞釀，最終成為能帶給人堅強品格和無限啟迪的好酒。一個真正的成功者從失敗和寂寞中所得到的要比從成功中得到的多得多，這正是他們接近寂寞，虛心向寂寞討教的結果。相反，那些一味逃避寂寞，不願獨自品嘗痛苦、失落，不願在寂寞所帶來的靜謐中反思自己的人，是不可能得到人生的智慧的，他們離成功也越來越遠。

成功者如此，天才更是如此。古往今來，天才們的靈魂都是世界上最孤獨的。正因為能夠讀懂寂寞，他們才擁有堅定的意志，無所畏懼。寂寞就如同天才們最好的朋友，他們因勇於獨自承擔生命暴風雨的各種摧殘和打擊而變得堅強和勇敢，因這份堅強和勇敢而能夠長期與寂寞相伴。所謂天才，必須首先是意志堅強者，他們的才華正是在飽嘗風雨打擊下，將優秀的潛力完全激發出來——苦難有時是傑作誕生的助產士。如果他們耐不住苦難以及隨著苦難一同而來的深深的寂寞感，不去細細品嘗這苦難和寂寞的滋味，他們就不會有那麼真切、那麼深刻的生命感悟，就不能獲得人生的偉大力量，自然也不會創作出驚世之作。

貝多芬是舉世聞名的音樂天才，他一生飽受窮困、情感、疾病的多重磨練。人生的苦難雖然讓他備受折磨，但同時也成就了他的偉大。他最偉大的作品——《命運交響曲》就是在他雙耳失聰之後創作的。常人無法想像一個聽不到任何音樂聲響的人是如何將這一偉大的作品創作出來的。在談到這部作品的創作時，貝多芬說這是「命運在敲門」，自己「扼住了命運的咽喉」。貝多芬能夠在如此情境中創作出舉世震驚的偉大作品，正反映了貝多芬對於命運的不屈和奮鬥精神。貝多芬並沒有在寂寞無助中自憐自艾，他曾說：「在我最寂寞的時候，就是我最不寂寞的時候。」寂寞帶給了他音樂創作的靈感，寂寞讓他有機會整理他那不平凡的思想和徹悟，讓他能夠將生命的所有感悟都譜寫進這一曲曲撼人心魄的不凡音樂中，這一切是絕對不可能在繁華熱鬧的貴族舞會中收穫的。

堅強與寂寞同行，就像馬車的兩個車輪一樣，互為依靠，共生共存，兩者同時支撐起命運的馬車向前疾駛。獨有寂寞而無堅強，就會被寂寞吞噬，你會想方設法逃避寂寞，讓自己空虛的心靈裝滿各種雜物甚至垃圾，用外在的物質或關係來滿足自己各種未被滿足的欲望，用一時的快感、瘋狂將自己麻醉。結果，等這些刺激一一消滅之後，寂寞又像猛獸一樣從心靈的黑暗處甦醒過來，大口大口地撕咬你脆弱的心；依舊，沒有脫離寂寞的堅強。堅強是在我們全然接受寂寞、直視它並與它促膝長談的過程中一點點增長的，沒有勇氣面對寂寞，不在寂寞中思考自己想要的是什麼、什麼應該堅守、什麼應該斬斷，就永遠只能選擇逃避，躲在自己的幻想中來減少現實與期望的差距所帶給自己的無情傷害。

寂寞是痛苦的，更是深刻的。只有在坦然接受寂寞，與寂寞交談中，我們才能領略生命的真義，才能更好地認識自我，反思自己的各種認識，才能不被頭腦中的種種虛妄所綁架，迷失在各種痛苦、失落、迷茫之中。

# 品嘗寂寞的美酒

人生是我們自己的，但我們卻常常把握不住自己的人生。我們活在一個社會有機體之中，一出生就成了整個社會的一分子。我們生在某個家庭，而後我們就自然而然地與這個家庭的其他成員建立起了無法更改的關係，我們有自己的父母，有自己的兄弟姐妹，我們的爺爺奶奶、外公外婆、叔叔阿姨等都已命中註定，我們成了這個家庭的一員，因血緣而構建起的家庭關係是如此堅固，它將伴隨我們的一生。等我們長大，我們開始在這個家庭中接受父母和其他長輩們的教導，他們的一言一行、他們的習慣都被我們看在眼裡，印在心中，它們成了我們自己生命的一部分。在他們的言傳身教中，我們開始接受這個社會的各種規範觀念。

等我們上學後，我們開始接受正規的學校教育。在老師的諄諄教導下，我們開始認識這個社會的語言，語言中就包含了這個社會千百年來積澱下來的各種觀念、規範，當然還包括前人的教訓和智慧。等我們結束了學校生活，步入社會，我們又開始與更多的人建立各種各樣的關係，開展各種各樣的活動。我們接觸的人更多了，看到的東西、經歷的事情也多了，我們在不知不覺中進一步受到他人世界觀、人生觀、價值觀等各種觀念以及社會法律、道德、習俗等規範的影響，我們在腦子裡不知不覺地構成起我們自己的認知框架和思維方式，開始以此來指導自己的言行。

我們的觀念、思維有些是天生的，如求生，如自覺地滿足自己的各種欲望。有的是自己後天建立的，如自己對於人生、世界的感悟。還有的是不知不覺中從外界、他人以及自身的經歷那裡習得的。這些共同構成了我們的意識框架，指導著我們每天的生活。

我們如果不重新審視自己頭腦裡各種觀念、意識，包括來自自己的和來自外界的，自己清楚意識到的，還有那些自己尚沒有意識到的，我們就會被這些或懵懵懂懂存在的，或被自我覺知的意識、觀念所控制、蒙蔽。

正因為在我們的成長、經歷中不可避免地要受到他人以及整個社會的影響，我們的腦袋就被不知不覺地灌輸進各種各樣的觀念和意識，使我們常常活在世俗的觀念之中，活在別人的眼光裡。我們常常會為賺不到錢而苦惱不堪，甚至覺得自己很沒用，覺得這樣的人生沒有意義、沒有價值。因為我們發現在別人的眼裡，會賺錢的人才叫有本事。

賺錢的多少成了許多人評價別人價值的唯一標準，我們常常在家人、鄰居等周圍人羨慕的眼神中看到他們對於金錢是多麼迷戀，在他們對於有錢有權人的尊敬、客氣甚至諂媚中感到金錢帶給人的無上榮譽和好處。於是，我們也在不知不覺中接受了這樣一個社會觀念，它成了我們頭腦中一個強大的內在動力，驅使著我們去為賺錢而不辭勞苦，為賺錢而默默忍受一切。每當我們看到許多外出多年的人開著漂亮的汽車衣錦還鄉時，鄰里必然要爭相轉告、爭相指點，此情此景令你也期盼有朝一日像他們一樣榮歸故里，你會覺得為此吃再多的苦、受再多的累也是值得的。

除了財富以外，年輕時，我們的心裡還許下了一個美滿婚姻的願望，因為社會上幾乎每個人都擁有自己的家庭，婚姻似乎是所有人的必然歸宿。人們對於甜蜜的愛情、美滿的婚姻都欽羨不已，都希望自己有一個美麗、賢慧的妻子或者一個健壯、能幹的丈夫，希望與愛人能夠白頭到老，能夠攜手走完人生的旅途，還希望自己有一兩個健康聰明、活潑可愛的兒女，希望他們長大後能有一番作為。於是，這也成了我們人生追求的目標，似乎有一個美滿幸福的家庭是天經地義、順理成章的事，沒人會對此產生懷疑。

於是，當我們找不到心目中那個美麗、賢慧的妻子，或者健壯、能幹的丈夫時，我們就會大失所望，哀歎自己的命運如此不濟，哀歎自己的人生如此可憐。我們整天與不如己意的丈夫或妻子爭吵不休，甚至為了實現自己心中的夢想，而不惜去背叛自己的伴侶，對此甚至不感到慚愧。我們會對自己的子女期盼甚高，希望他們實現自己的理想，能夠取得更高、更大的成就。一旦他們的表現不能令自己滿意，我們就會產生焦慮和不安的情緒，怕他們不能接受良好的大學教育、怕他們步入社會後沒有競爭力、怕他們只做個販夫走卒，於是就對他們百般訓斥，給他們報名眾多的補習班，不讓他們有絲毫玩樂的時間，家長的偏執就這樣變成了孩子們的夢魘。

我們還希望自己能夠有自己的事業，能夠成就一番作為，實現自己的人生理想。人人都應有自己的理想，這也是社會教導給我們的信念，我們不願在虛渡中耗費自己的青春，因而我們願意付出辛勞，願意犧牲自己娛樂、休閒的時間，將全部精力和心血都投入到完成自己的事業上來，只希望自己也能像他人一樣能夠擁有屬於自己的成功事業。如果我們的事業遭遇挫折，痛苦就會襲來，我們的期望、周圍人的期盼都不允許自己的事業出現問題，現實與期盼會在內心糾結，讓我們痛不欲生，苦惱不堪，我們會因此而消沉、失落、彷徨，陷入無人能理解、無人能幫助的寂寞深淵裡，獨自一人承受這一切，人生顯得如此孤苦、悲愴，那種蒼涼、孤獨的感覺此刻會鋪天蓋地地向你襲來，你感覺自己正赤裸裸地暴露在這人生的暴風雨中，任憑它抽打與蹂躪。

我們就這樣活在世俗的觀念中，活在別人的眼裡。我們不敢去想像：如果自己沒有成功的事業、美滿的婚姻和富足的生活，自己的人生將會如何？這種恐懼心理逼迫我們想方設法去獲得這一切，哪怕為此付出任何代價也在所不惜。

世上之事，不如意者十有八九，這句話正是大多數人的人生寫照。我們都想要那種被社會廣泛認可的標準人生，但我們在苦苦追求中卻發現這些往往事與願違。

我們於是掉進了內心所接受的各種社會觀念的陷阱之中，苦苦掙扎，痛苦不已。

別人的喝彩固然值得嚮往，但如果我們就此跳進他們所挖的觀念陷阱，我們就永遠都擺脫不了世事無常所帶來的喜怒哀樂。我們的偏執會讓自己付出沉重的代價。面對無常的人生，我們會經歷種種苦難和折磨，產生孤苦無助的絕望和寂寞感。如果我們在自己最無助、最寂寞的時候，能夠面對這洶湧而來的寂寞和蒼涼，我們就能夠認真反思自己，反思這寂寞和悲苦的來源。在這種反思中，我們自己將找到那把解開人生困局的鑰匙。這把鑰匙就是要耐得住寂寞，堅守住無人喝彩的人生。

我們應該在反思自己的各種觀念中找到自我，弄清楚什麼是自己想要的、什麼是自己真正珍視的、什麼是自己值得為之付出的。同時，還要明白什麼是自己可以控制並改變的，什麼是自己不能控制只能順應的。我們應當將人生視作一個體驗之旅，樂觀積極地參與到人生旅途的各個專案之中。我們仍然追求美滿的愛情和婚姻，但我們在參與之初就明白我們可能面臨很多結局，我們不怕各種不好的結局，並為之做好足夠的心理準備。

我們將面對愛情、婚姻中的所有感受，細細品味當中的酸甜苦辣，在這種全身心地投入中體驗到愛情和婚姻帶給我們的種種，我們因這種種真切的體驗而領會了生命的真諦，懂得了什麼是真正的愛情和婚姻。我們視這種種體驗為自己人生最大的收穫，儘管有歡樂也有悲傷，有甜蜜也有痛苦，但這些體驗都是我們樂意品嘗的。在豐富的滋味中，我們加深了對人生、對愛情和婚姻的感悟和認識，這才是我們人生最寶貴的財富，是我們真正獲得自在幸福的根源。

同樣，我們也會去積極做一番事業，但我們只能把它當成一種認識世界、認識自我的體驗過程。如果我們能夠成功並對社會做出貢獻，那自然是我們樂意看到的，但成功並不是我們追求的唯一結果，我們更看重的是在事業奮鬥過程中收穫的種種人生體驗。我們的事業會遭受困難和挫折，我們有可能傾家蕩產、血本無歸。但這一切我們早已有所準備，因為世事無常，誰能保證我們的事業一帆風順、平安順遂呢？即便我們真能在冥冥中得到神的護佑，這種波瀾不驚的事業恐怕也不是我們真正想要的。

我們從容地看待自己事業發展過程中所發生的一切，面對因挫折所帶來的痛苦、迷茫、彷徨，甚至是自暴自棄，面對這種種令人不堪承受的心理折磨所帶來的那種深深的寂寞和孤苦。然後，在品味這一杯杯苦酒中，去反思自己為什麼會如此，是什麼導致自己如此痛苦。你將發現自己才是導致痛苦的根源，因為自己心中有對成功的偏執、有來自親友們的期盼、有證明自己價值的努力。這樣的反思，讓你對自己的認識更深入了，同時你也將藉著品嘗這一杯苦酒，加深對世界本來面目的認識，進一步矯正自己心中的種種妄念，從而逐步覺醒，獲得安樂和自在。

體驗人生，包容一切，不要逃避，你將在寂寞中收穫到人生真正的財富。寂寞是釀造這一杯杯苦酒的發酵物，逃避隨挫折和痛苦而來的寂寞，你將錯過這一杯杯雖苦，卻是人生的最好之酒——這酒能讓你幡然醒悟，能讓你洞見人生的真諦，能讓你體驗生命的真義。

無人喝彩的人生是寂寞的，無人喝彩的人生被他人認為是失敗的，但你千萬不要被世人的愚見所蒙蔽，人云亦云，將自己的寂寞人生貼上失敗的標籤，那樣你只能陷入苦海之中而不能自拔。我們無需按照世人的觀念來安排自己的生活，我們要想過上自在生活，就要在寂寞中反思頭腦中各種偏執的觀念，就要跳出凡塵俗世的觀念陷阱，就要順應因緣。我們所生存的這個世界本來就是變幻無常的，如果一味強求，只能是碰得頭破血流。我們不能把人生簡單地定義為對成功的事業、完美的愛情等的追求，那樣你就等於在自己的頭腦中種下了悲苦的種子，因為沒人能保證你一定能如此。

一旦你事業不順、婚姻遭變，你就會因頭腦中早已設定的那個唯一快樂的標準而痛苦不堪。你以為自己擺脫快樂的唯一方法是更努力地工作，爭取事業的轉機，或者千方百計留住自己的愛人，讓對方不要離你而去。事實上，這不過是你的妄想而已，這條路你未必走得通。其實，只要我們轉變頭腦中的人生定義，這些問題都將迎刃而解，一切只在一轉念而已。你可以改變自己對成功的執著，人生真正的美好在於對生命的體驗。你可以在事業奮鬥的過程中體驗到成功的歡愉，體驗到失敗的苦楚；歡愉與苦楚都是人生獻給我們的禮物，你只要願意接受它們，它們就可以成為你智慧的源泉、幸福的鑰匙，成為你超越那個簡單、唯一的成功標準的契機。

這種方法不僅對於事業極為有效，對於愛情和婚姻也是如此。我們可能沒有找到自己心目中理想的情人，我們的婚姻生活可能並不美好，但只要改變我們對於美滿婚姻的那個偏執要求，敞開胸懷，接受婚姻帶給我們的一切，不管是甜蜜的還是痛苦的，我們就能在紛擾、寂寞、傷痛、煩心中更好地領略婚姻的真諦，更好地學會如何愛人，如何與伴侶溝通，互相關懷、互相扶持。這樣一來，即便我們被迫結束這段婚姻，我們也不會對美好婚姻失去信心，不會對婚姻產生恐懼，而是在新的婚姻中獲得真正的幸福，因為我們已經在勇敢體驗婚姻、接受婚姻所帶來的一切這一過程中，學會了愛，瞭解了婚姻的奧秘。

由此可見，寂寞中的豁達堪稱我們人生最大的財富，如果我們只求甜蜜，拒絕傷痛，我們就會逃避，就會在頭腦中製造自欺欺人的妄想，認為自己只是不走運，沒有碰到真正適合自己的，你會永遠都在尋找下一個能夠給自己帶來幸福的人，只因為你不願接受命運送給你的另一種禮物——寂寞和傷痛。

順應因緣，就是要對一切坦然面對，既不為自己的快樂設定標準，去刻意追求什麼，也不選擇消極應對人生的應有之事，不去逃避應該經歷和體驗的人生旅程；相反地，是要全身心投入中去體驗人生的種種，在此過程中保持清醒，尤其是要勇敢品嘗寂寞發酵出來的人生苦酒。這正是我們發現自己心中的妄念，更深刻地體悟生命，獲得人生智慧和真義的鑰匙。

我們的人生本應是豐富多樣的，但我們沒有在寂寞中去勇敢接受痛苦、憂愁、焦慮、失落等一杯杯苦酒，沒有反思令自己產生這些心理問題的根源，就只能繼續任頭腦中那些偏執觀念來擺佈自己。這些偏執的觀念是我們從他人、社會中早已接受的，或是在自己的經歷中悄然形成的，這些觀念和認知框架驅使我們按照它們設定的程式來行動，來對外界的變化作出反應，讓我們或喜或悲，而我們常常對此毫無知覺。這種懵懵懂懂、喜怒無常的人生是我們應當竭力避免的。

我們只有對一切保持開放的態度，既不刻意追求，又不逃避，才能獲得豐富的人生體驗，我們的生命旅程才會五顏六色，風景無限，我們的生命才能變得更有意義。記住，永遠都不要去限制自己的人生，要對自己頭腦中潛藏的種種世俗的偏見或自身的主觀認識進行徹底反思，不要讓它們將自己的喜怒哀樂和手腳綁住，要去盡情體驗、盡情反思、盡情開拓。這樣的人生才不會被狹隘的觀念所限，才會變得更寬廣、更豐富、更博大。

# 沉澱，與寂寞對話

一杯濁水，在歲月的魔力下會自然分層，濁物下沉，清水在上。這樣一來，這杯濁水就由濁轉清，變得澄明。這澄明讓我們寧靜，讓我們愉悅，讓我們感受到生命之美。

我們的心靈也需要進行沉澱，只不過在心靈中沉澱的不是這杯濁水，而是裝在我們精神世界這杯子裡的滿滿的各種雜念。

我們的心靈中充斥著各種觀念，有些觀念是我們從父母、從學校的教導中學到的，有些則是我們自覺不自覺地從他人的言行、社會的事件中吸取的，還有些是我們從自己的經歷中體悟或認識到的。凡此種種來自不同地方的觀念又會在我們的頭腦中不停地發生各種反應，形成全新的觀念。而新的觀念將替代舊的觀念，在我們的頭腦中佔據主導地位，驅動著我們的思想、情緒和行為。

我們頭腦中意識到的或沒有意識到的各種觀念將直接影響我們對外界各種現象、事情的評價，驅使我們做出符合內在觀念標準的行為，來應對外部變化。但我們的精神世界有時就像一個堆滿雜物的屋子，這些物品有些是好的、有用的，有些則是壞的、沒用的，還有些甚至會危害整個屋子的安全，比如炸彈、火藥等危險物品，而這個滿是物品的屋子卻由於主人長時間疏於清理而變得雜亂不堪。各種物品堆得到處都是，顯得毫無秩序。更要命的是，連主人自己都不知道這個屋子裡面到底有些什麼。在這一大堆物品中有些是他熟知的，還有許多堆在陰暗的角落裡，主人也難以看清它們，它們可能已經在那裡存在很久了，但沒人知道它們到底是些什麼東西，是從哪兒來的，是有用的還是沒用的，會不會就是危險的地雷和炸藥？

每個人的頭腦都像這麼一間屋子，裡面裝滿了各種觀念和思想。有些是我們清楚意識到的，有些則是我們根本沒有意識到的，但我們的行為都來自於這些觀念和思想的驅動。有時我們對於自己為什麼會做出某種行為感到很驚訝，有時我們對驅動這些行為的背後觀念和思想毫無察覺，但它們確實存在那裡，並且決定著我們的一切行為和活動。

我們經常感到自己的命運如此難以把握，對於自己的喜怒無常，有時連我們自己都束手無策，似乎自己的命運、自己的所有感受都受控在另一個與我們無關的東西那裡。事實上，我們所有的感受，一方面來自外部因素的變化；另一方面，則是由我們頭腦中的某種觀念來決定的。前者正是通過後者來引起我們的心理變化。但讓我們困惑的是，有時候我們無緣無故地就變得不高興或陷入憂愁之中，這些變化背後的隱情，我們往往難以察覺。這正是我們頭腦的小屋子裡那些躲在黑暗角落的「物品」在作祟。

我們要做的就是清理頭腦中的各種觀念，將思想的「屋子」裡雜亂堆著的物品整理規整，就好比將一杯渾濁的水沉澱，讓它變得清澈，當然這不是一件容易的事。一杯濁水要想變得清澈，需要保持靜止狀態，經過一段時間之後，濁物就會自然下沉。而頭腦裡的雜念一旦沉澱下來，我們的思想和意識就進入到了澄明的境界，我們就會清楚地意識到為什麼此刻會感到難過，為什麼會不安、焦慮、憂愁，為什麼我們難以從憂鬱、悲傷中擺脫出來。

沉澱的過程就是清濁分離的過程，就是我們思想變得清醒的過程，沉澱的過程幫助我們整理自己的種種觀念，擺脫那些偏執的、虛妄的觀念。這就是思想濁水中那些沉下去的部分，留下的是那些符合客觀和人生真諦的觀念，這就是思想濁水中那些清澈的部分，當我們不斷對自己頭腦中的各種觀念進行沉澱，我們的思想將越來越清明，最終進入到澄明的狀態。那時，我們將對許多別人無法看透、無法擺脫的人生失意變得達觀、開朗，我們將進入人生的自在境界，你會發現自己的生命變得更為開闊，更為豐富，也更為自由。

但這個過程需要我們先去體驗人生百味，去品嘗人生的種種失意所帶來的悲痛、焦躁、失落、茫然、抑鬱等。最重要的是你能夠在寂寞中面對這些痛苦的心理煎熬，能夠自覺地進行反思。只有在這種情況下，許多隱藏在那些陰暗角落裡的觀念才會發揮其作用，這時你才能在深深的寂寞中，把握住這些讓你痛苦不堪的錯誤觀念——它們大多是你的主觀偏見。

我們的心靈沉澱過程就是一個修行、反省的過程，反省我們的所作所為、反省我們的思想意識，越是那些我們不敢面對的事情，越能夠帶你發現可能危及你心靈安全的危險思想和危險意識。因此，我們只要在寂寞來敲門時，保持勇氣，打開門去面對你所害怕的一切，面對那些讓你上癮的事情、面對那些將你傷得體無完膚的事情，才能從這種陰影中獲得真正的人生體悟和智慧，幫助你澈底擺脫困苦的一切。

曾經有一個關於戒毒的電視節目，節目中採訪的是一個成功擺脫毒癮的吸毒者。他曾是一個毒癮很嚴重的吸毒者，染上毒癮之後，他不覺得吸毒是什麼大不了的事，滿心以為自己能夠抵擋毒癮，只要自己決定跟毒品說拜拜，就能夠立刻從中脫離。卻不料在一次次的放縱中越陷越深，就像其他吸毒的人一樣，在用光自己和家人的積蓄後，他開始變賣自己的所有資產來籌集購買毒品的錢。這時，妻子也帶著失望和痛苦離開了他，他開始一點點地陷入絕望。原本以為自己這輩子就這樣完蛋了，卻沒料到自己在被送到戒毒所後，一個偶然的事件改變了自己的命運。

原來，他在戒毒所中閒逛的時候，偶然發現有兩個毒癮很深的人正躲在一個角落裡聊天。他湊近一聽，才發現他們聊的是自己吸毒時的感受，栩栩如生的描述一下子抓住了他的所有神經，讓他彷彿又找到了那種吸毒帶來的快感，他陷入到那種語言所帶來的想像中，那講述是如此生動、如此逼真，以至於他開始出現了吸毒時的症狀——大汗淋漓、雙腿發軟、大腦越來越興奮，就像當年吸毒時一樣，深陷其中而不能自拔。

於是，他每天都湊到那兒去聽他們聊自己吸毒時的感受，但卻發現他們的語言描述漸漸失去了之前的那種魔力，他越來越難以進入到第一次出現的那種吸毒時的狀態了，他們的言語還是那樣栩栩如生，還是那樣生動逼真，但到後來卻再也難以引起他的那種神經反應了。這時，他猛然發現自己的毒癮已經不知不覺地消失了。

你可能會對此感到很奇怪，為什麼這種方式會讓原來毒癮很深的人這麼快就擺脫毒癮了？因為他以這種方式直接面對自己大腦中潛藏的那種強烈的心理需求。剛開始，他還無法控制自己，但隨著這一過程的不斷重複，自己的心理對外界的那種刺激逐漸變得麻木，對於毒品所引發的種種強烈的快感也逐漸麻木，因而，他對於真正的毒品也就產生了抵抗力，開始擺脫對毒品的心理依賴。

在人生中，同樣有很多你不願面對、不敢面對的傷痛。這些傷痛來襲的時候，就是你最寂寞、最無助的時候。但只要你勇敢地去面對它們，不要選擇逃避，一點點克服內心的傷悲，從對寂寞的直視中看到它的真正面目，這真面目就是你對於所遭傷害的解讀。

你的錯誤解讀將使你無法走出自己所挖的陷阱，每次觸碰到這個傷口時，你就不可避免地再次陷入到你的陷阱之中，令自己悲痛不堪，難以自拔。這些錯誤的解讀就是隱藏在你精神之屋的那個黑暗角落裡的「危險物品」，只有在寂寞的照射下勇敢地將它們從你的精神之屋中清除，你的精神世界才能安全，才不會在這些「危險物品」的爆炸中被其所製造的心靈衝擊所傷害。

沉澱就是清除精神世界中的雜質，保持心靈的純潔；沉澱就是在整理你的精神之屋，將精神之屋中所裝的「物品」——觀念，清點出來，擺在陽光下一一審視。沉澱就是把錯誤的、偏執的觀念和想法當作垃圾一一拋棄，讓你的精神之屋免遭這些垃圾的污染。沉澱是一個整理你的精神之屋的過程，讓你的精神之屋更有序，讓你的心靈世界更明晰，讓你清楚地意識到自己為什麼會哭會笑，為什麼會對外部世界作出如此反應，從此你才明白自己的精神屋子裡都裝有什麼，這些觀念意識是如何支配你、影響你的，你就能不斷反思哪些觀念是正確的，哪些是錯誤的，提醒自己必須及時拋棄錯誤的觀念，不讓自己的心靈為它們所累。

沉澱讓我們的心靈進入了澄明之境，使我們的觀念、意識層次分明，讓我們更好地把握住自我，把握住自己的情緒、控制好自己的行為，從而把握住我們的人生和命運。沉澱就是一個自我反省、自我重構的過程，是成長過程中必不可少的自我更新。沉澱讓我們活得更自在，擺脫懵懵懂懂，幫助我們更好地把握生命和生活的意義，使我們的生活變得充實、自由和幸福。

一杯濁水的沉澱需要保持靜止，需要時間之手來幫它分層，而一個人的精神世界的沉澱則需要保持內心的平靜，需要我們睜開心靈之眼向內觀照，這只能在我們獨處時來完成。獨處就是進行沉澱的最好氛圍，獨處讓我們一直漂浮在塵世的心，停止在我們的眼前，安靜下來讓我們有機會看清它。每當寂寞來敲門的時候，不要驅趕寂寞，讓寂寞走進我們的心扉，讓你的心與它進行一場認真、坦誠的對話。只有這樣，才能看清自我的面目，為自我進行打理；去除它身上不好的東西，留下美好；去除它身上的傷疤，為它療傷；撣去它身上的灰塵，讓它不再灰頭土臉，而是精神煥發。

精神的沉澱需要寂寞的幫助，沒有寂寞、不接受寂寞，我們就看不清自己，我們的心就永遠在外面漂泊，安靜不下來，我們就不能認清自我，不能改變自我，而任由自我被外界所污染、劫持、傷害。

寂寞就好比住在我們精神之家中的那個長輩，每次他一呼喚，我們在外遊蕩的自我就回了家，接著他們便開始了一場對話，每次自我的面目都會在這種對話中變得更清晰，自我在與寂寞的對話中不斷成長，變得更智慧、更堅強、更成熟、更有勇氣。自我逐漸覺醒，在外出時不再任由外在因素擺佈，而總能找到回家的路，總能把握住自己的所有情緒、所有行動。

# 和寂寞同行

自我要經歷一個逐漸覺醒、逐漸成長、逐漸成熟的過程，我們心靈中的自我往往會伴隨著我們的身體一同成長，隨著我們智力的發育，隨著我們經歷的增長，自我也變得越來越複雜，越來越清醒。

在自我的形成、成熟的過程中，寂寞也開始找上門來，正因為自我的成長，我們的精神越來越獨立，獨立於自然，獨立於社會，獨立於他人，甚至獨立於我們的身體。精神的獨立必然伴隨著孤獨和寂寞，越是獨立，我們就會感到越孤獨、越寂寞，我們有了自己的心思，有了自己的想法，有了自己的利益，有了自己的喜怒哀樂，我們開始不同於他人。雖然我們的家人還是那麼愛我們，雖然我們的朋友也開始多起來，但這並沒有改變因自我成長而帶來的心靈孤獨。

我們發現從小到大，我們與家人在心理上的距離越來越遠。小時候，我們無憂無慮，倍感家的舒服和溫馨，因為我們完全依賴於家人，我們的衣食住行都由家人來提供，我們的自我意識也處在朦朧中。我們沒有自己的利益、沒有自己的見解，我們的喜怒哀樂大部分來自於我們生命中的本能。我們想哭就哭、想笑就笑，一切都沒有任何過多的顧慮，我們的情緒完全來自於我們的心底，表達的是生命最自然的一部分。我們無需掩飾、無需偽裝，因為在我們年幼的心裡從來都沒有這種概念。因而，童年成了我們生命中最自然、最純真的年代，童年的經歷成了我們一生中最美好的記憶，我們沉浸其中，享受生命的美好，沒有什麼快樂能夠代替童年的歡笑。

但隨著年齡的增長，我們的自我也在不斷強化，我們逐漸意識到了內心的種種欲望，懂得了越來越多的人情事理，我們開始不斷追求自我欲望的滿足，我們學會了怎樣用機智來贏得自己想要的，但我們的煩惱也開始猛增，因為我們不斷地為自我欲望得不到及時滿足而傷心、難受，甚至痛恨。這還只是在一個較小的人際範圍中得到的體會。

等我們逐漸成年，我們接觸的人更多了，遇到的事也更多了，社會關係開始變得複雜。在與人交往中，我們看到了人心的虛偽和險惡，看到了人性的貪婪和陰暗，一股厭惡、害怕的感覺從內心深處洶湧起來。出於自我保護，我們不得不學會自我防衛，開始對他人持有戒心，保持警惕，無時無刻不在猜測他人一舉一動背後的意圖，陷入到人與人之間的勾心鬥角之中。我們在爭鬥中得到了許多，但我們並沒有因此快樂，而是變得更孤獨了。當我們拖著疲憊的身心獨自回到自己的家裡，寂寞像氾濫的洪水一樣很快將我們的心淹沒。我們在這洪水中掙扎著，呼喊著，卻聽不到一點外面的聲音。

寂寞就這樣成了我們最可怕的敵人，成了所有人內心中的夢魘。當我們因工作、事業、感情等遭受到打擊和傷害時，我們孤獨的心變得更加脆弱，痛苦、失意、落魄、憂慮、恐懼、焦躁、不安、彷徨……像猛獸一樣一起向我們撲來，狠狠地撕咬著我們脆弱的心。而此時，這種種心靈的煎熬和掙扎，我們能向誰訴說？寂寞，帶著濃濃憂傷的寂寞，成了我們最不願意面對的心境。

心靈的成長需要寂寞，寂寞伴隨著我們自我意識的成長而來，而我們心靈的成長也需要在寂寞的陪伴下走完後面的人生旅程。我們因自我的覺醒而感覺到寂寞，我們也將在寂寞中面對自我，在它的幫助下認清自我、把握自我，這是我們把握自己命運的必經之路。寂寞是我們人生旅程中的同行者，它像一面鏡子一樣映照出自我的形象，我們只有正視這面鏡子，才能看清鏡中的自我。

有人不願對著寂寞這面鏡子，因為鏡中的那個形象是如此醜陋、如此邪惡，那是個污穢不堪的自我，這個形象連他們自己都不敢面對，因而他們常常盡其所能地逃避寂寞。他們需要朋友，哪怕是一群狐朋狗友，只要能陪自己打發寂寞的時光，也總比一個人面對著這個邪惡、醜陋的形象要舒服得多。他們常常三五成群地聚在一起，用K歌來充實自己空虛的心靈，用大量的酒精來麻痺自己，用迷幻藥、毒品、麻醉劑來讓自己遠離這醜陋的自我、醜陋的現實，他們會不斷地換情人，用濫情來堵住空虛，擋住寂寞洪水的氾濫。

現代人的娛樂節目越來越多，而留給自己的時間越來越少，這正說明現代人的心靈有多麼空虛和寂寞。他們如此地害怕寂寞，因而將大量的時間都浪費在無聊的娛樂活動上。娛樂成了我們這個社會最大的主題，娛樂背後是價值意義的缺乏，是難以忍受的孤獨和寂寞，是自我的昏沉，是人們害怕去面對自我、反省自我，而寧願放任自己沉睡在錯誤的思想觀念中。

心靈的成長需要寂寞，寂寞中自我才會覺醒，我們才能與潛藏的自我進行對話。寂寞為我們帶來寧靜，那是一種生命的寧靜。在這深沉的寧靜中，我們的感覺、思維變得異常敏感、異常靈動。如果我們獨身一人處於杳無人跡的大自然中，我們能夠在這寧靜中感受到生命與自然的交融，從生命最深處感受到大自然的偉大和美，我們此刻會突然意識到，人的生命本來就來自於自然，自然是我們的母親，處於母親溫柔的懷抱，我們自然會感到輕鬆、愉悅，感到生命的快樂。

如果我們獨身一人，我們的心靈世界，我們的自我意識就在這深沉的寧靜中徐徐展開，走進精神世界之門。我們對自己的各種思想活動變得異常敏感，我們可以抓住這些不斷流動、不斷變化的思想運動。但是，我們不願讓它們那樣自在地流動，擾亂我們的心境，決定我們的情緒和態度，驅動或阻礙我們的行為，我們的理智要求自主，要求掌控自我。我們可以進行自我的審視與反思，反思頭腦中的種種意識和思想、反思喜怒無常的根源、反思心靈世界中的一切。

這種向內的觀照，讓我們看到了精神世界中過去的影像、過去的記憶，回憶起它們帶給我們的心靈震撼，不管是恐懼還是興奮，是痛苦還是歡樂，是平靜還是躁動，是害怕還是勇氣，這些經歷往往影響著我們對世界、對他人的認識，影響著我們的情緒和態度等心理反應。

心靈的成長需要寂寞，寂寞帶給我們的是理性、是自主、是超越、是對人生的把握。在我們的人生道路上，當我們誤入歧途，寂寞這個同行者常常會讓我們的心靈覺醒，讓我們反思自己之前所走的路是否正確；當我們失去方向，寂寞會提醒自我是不是我們手中的羅盤出了問題，檢驗我們的世界觀、人生觀、價值觀等是不是不符合世界和人生本來的面目；當我們又走回老路時，寂寞會提醒自我去改變自己心靈的地圖，跳出以前對傷害和痛苦的錯誤解讀，完全接受這些傷痛，從中找到正確的認知路徑；當我們一直原地不動，寂寞會催促自我們鼓起勇氣，抬起頭，把眼光投向那充滿光明的前方，不要沉醉於現在的快感和暫時的刺激、興奮之中而不思進取。

# 寂寞的回憶，往事的能量

寂寞中，我們的思緒常常不知不覺地飛回過去，沉浸在對往事的回憶中。我們記憶的盒子裡所裝的往事，要麼給我們帶來無盡的痛苦和傷悲，要麼給我們帶來許多美好和歡愉，所有這些往事都曾是我們深刻的體驗，我們連同這些難忘的體驗一同記住了它們。往事真實地刻畫了我們的成長歷程，生動地描繪出了我們生命的軌跡。

不管這些往事帶給我們的是何種體驗，我們都從這些難以忘懷的往事中增加了對世界的印象，悟到了更多做人、做事的道理，往事給予我們的正是這種體驗。這體驗成了我們認識自我、認識世界的方式，成了連接自我和世界的橋樑，成了自我的一部分。往事是構建我們心靈家園的材料，往事是寄託我們精神和情感的載體。往事成了我們心靈中不可或缺的重要部分，正如一句話所說：「那一切過去了的，都將成為親切的回憶。」

往事中給予我們更多的是一種感覺，但這種感覺是我們認識自我和世界、體驗自我和世界的一種方式。雖然它不像理性那樣能給我們帶來許多意義，但我們從種種感覺中得到的對世界、對生命的體悟並不比理性和知識少，更不會比理性和知識膚淺。這種感覺是如此的深刻和持久，甚至超越意義，超越理性和知識，讓我們直達生命的核心。這種感覺是冬日裡曾喝過的那碗溫暖、甜蜜的玉米濃湯；這感覺是和友人結伴去郊遊時所看到春日的那一抹碧綠；這感覺是和中學的同學們一起參加社區服務時那爭先恐後的熱鬧；這感覺是沒有做好老師交代的作業的那一頓訓斥；這感覺是對於上學將要遲到的那一刻緊張；這感覺是與少年時的玩伴一同在山林裡的探索；這感覺是結束大考時身心完全的鬆弛；這感覺是午睡醒來時卻發現作業還沒有完成的那種莫名憂傷……

往事的經歷及其帶給我們的體悟是人生寶貴的一筆財富，我們從這裡感知生命、感悟人生，從這裡體驗世界、實現自我。我們常常沉浸在往事中不能自拔，享受那種種親切的回憶。回憶的味道有苦澀，有甘甜，有羞怯，有悲愴，無論我們是再因之而喜，或因之而怒，心底裡湧上來的都是一種美好的滋味。

往事就這樣融入了我們的生命，成為我們的足跡。在每個人的一生中會發生許多事，有些事令我們不堪回首，令我們痛不欲生，這些噩夢般的記憶會對我們的心靈造成極大的傷害。但如果我們不願去面對這些傷痛，一味逃避這些傷痛，就永遠無法從這種傷害中恢復，這會讓自己的一生都在痛苦的陰影下度過。

許多失去記憶的人就是因為現實給他們帶來了太殘酷的傷害，這傷害已經大到他們無法接受，於是大腦就選擇失憶來忘掉這段經歷，以保護自己，繼續生存下去；還有一些人則將這些巨大的傷痛深深埋藏在自己的心底，不願去面對，但當自己的精神因壓力、緊張、打擊等變得異常脆弱的時候，或者聽到某一句話、看到某件特定的物品，這些傷痛就會像惡魔一樣衝出我們設置的牢籠，無情地折磨自己，這些傷痛因自己不敢面對而成為我們的心病，困擾著我們的生活；另外有些人因為某種傷痛難以接受，而形成了錯誤的認知，並用它來指導自己以後的生活，規避新的類似的傷害。如某個女人在與丈夫結婚生活了幾年後，丈夫突然拋棄了她。她難以承受這種婚變的打擊，就認為男人沒有一個好東西。這種錯誤的認知將阻礙她開始一段新的婚姻，因為她所形成的那種錯誤的認知會讓其對新的對象產生嚴重的不信任，擔心他們會像前任丈夫一樣突然拋棄自己。即使有合適的對象，她也不敢輕易地再次踏入婚姻的殿堂，或者她不願再開始另一段戀情和婚姻。結果，自己就因無法接受傷害而陷入到錯誤認知的陷阱之中，她的人生也因此而留下隱患和遺憾。

我們越是不敢面對這些悲痛的往事，就越害怕寂寞，害怕一個人時那些痛苦的往事會突然湧上心頭，這又將讓我們變得更脆弱，更易受傷害。於是，我們在逃避寂寞中，不斷地在現實中受到新的傷害。因逃避寂寞，不敢面對那個傷痕累累的自我，這新的傷害又被自己深深地埋藏起來，成為一個新的傷痛之源。這就會形成一種惡性循環，讓那些沒有勇氣的人變得更脆弱，傷痕越來越多。

現實中，每個人都會有一些不敢面對的往事，只不過有的人多一些，有的人少一些，有的傷痛嚴重一點，有的傷痛尚可承受。於是，我們每個人都會有一些大大小小的心病。這些心病的醫生只有一個，就是我們自己。如果你是一個堅強的人，能夠在寂寞來敲門時保持勇氣，即便心靈的傷痕再多，再嚴重，你仍然能在寂寞中勇敢地面對那個遍體鱗傷的自我，一切傷痛都將在你的勇氣和智慧的醫治下慢慢痊癒。

有時，你只需改變自己以前形成的錯誤解讀、錯誤認知，不再認為別人都虧欠你、別人都應當完全按照你的心願行事，你的心病將很快被治癒，遮蔽在你心靈上空的厚重的烏雲也將在翌日被風吹散，灑進千萬道燦爛的陽光；反之，你如果不敢敞開懷抱迎接寂寞，不敢獨自一人面對那個傷痕累累的自我，那你將永遠生活在懦弱的陰影下，被錯誤認知和偏執觀念所誤導，永遠找不到解開心靈之鎖的鑰匙。

往事有時讓我們痛苦不堪，但只要你保持勇氣，你就能從中汲取到力量。苦難是命運賜給我們的禮物，這份禮物只有透過勇敢、智慧的雙眼向內觀照才能發現它的無上價值，苦難中隱藏著生命的真諦以及人生的意義，但只有那個有勇氣接受這個禮物、打開裝載苦難盒子的人才能發現。這份禮物的重量遠遠超過世間的一切東西，因為真正發現這禮物價值的人將獲得最高的人生智慧，將對世界、對自我有更深刻的體悟。於是，再也沒有什麼苦難能夠嚇住他、折磨他，它們反而被他當作命運賜予的禮物笑納，他的人生將因收穫的這種種禮物而充滿力量，他的精神世界也將因此而變得豐富、深刻，強大無比，生命從此變得樂觀、開朗，變得無比快樂和幸福。

正因為我們從往事中收穫到了許多，我們的人生經歷，我們對於自我和世界的認知，我們的世界觀、人生觀、價值觀等都來自於我們所經歷的往事，因而可以說往事在很大程度上塑造了自我，規定了我們的思維模式和我們的行為方式，規定了我們現在和未來的人生路徑。如果你發現自己的路正越走越窄，越走越痛苦，不妨在寂寞中回到過去，去檢視以往的哪些經歷影響了自我，尤其是那些令自己不堪回首、悲痛不已的往事，你會從中更加清楚地認識現在的你。許多人常常在自己失常的行為中感歎：「我怎麼變成這樣了？」是啊，你所經歷的種種正在潛移默化地影響你、塑造你。如果我們不及時地對自己的種種經歷進行反思，反思它們是如何影響自己的，自己的觀念是怎樣被過去的經歷塑造的，就難以正確、客觀地認識現在的自己，就會被頭腦中那些隱藏很深的錯誤想法引上歧途。

過去是一面鏡子，透過這面鏡子，我們就能看到自己的未來，因為過去參與了自我的塑造，性格決定命運，改變性格必將改變我們的未來。不要埋怨自己的過去，要找回那個睿智、自信、有勇氣的自我，就要在寂寞中反省自己的過去。

往事往往潛藏著無盡的力量，美好的回憶能讓我們放鬆身心，熱愛生命，而痛苦的回憶同樣能幫助我們認識現在的自我。但同時，讓我們受苦不盡的許多愚蠢想法和觀念都來自於痛苦的回憶。如果我們想改變自我，解開不幸的往事對我們的負面影響就是最好的方式。而寂寞是烹煮往事最好的茶壺，它幫助我們不安的、隱隱作痛的心歸於平靜，讓我們在這種平靜中昇起回憶的思緒，讓它飛過記憶的海洋，找到那無聲無息中改變了我們的往事。寂寞中那靈動的智慧之眼將讓我們看穿存在於我們頭腦中的虛妄，形成對於往事、對於客觀世界正確的認識，這正是心靈中無限力量的源泉。

盧梭曾說：「我最不感到厭煩的事情就是獨處，我最忍受不了的事情就是閒聊。」寂寞是心靈成長的最好時刻，因而不要錯過這一珍貴的時刻，要在寂寞中學會接受那些曾經傷害過自己的過去，以寬容的心態包容它們，然後超越它們。這時，你會發現自己應該感激這些曾傷害過自己的過去，它們不再讓你痛恨、讓你痛苦，而是讓你受傷的心變得堅強和充滿力量。

# 在寂寞的反思中歷練堅強

寂寞時，我們蜷縮在自己的世界中，塵世的喧囂和紛雜都離我們遠去，我們得以暫時從這種紛擾中抽身，把我們的心收回家中，我們的眼睛和耳朵開始轉向內在的心靈世界，去看這個經常在塵世的誘惑和刺激下而遺忘了自我的心靈，去傾聽來自心底的真我的述說。我們可以盡情舒展自己的心靈，把一切都拿出來檢查一遍，不僅是那些好的、善良的，還包括那些壞的、邪惡的，去找到這些黑色邪念的來源，掐斷對心靈世界給他們的養分供應，讓他們開始萎縮、凋零。

寂寞中的我們常常會感到無助和渺小，每當想到過去的失敗，想到眼前的挑戰，想到未啟的前程，我們就越發感到寂寞和失意，沒有人能真正理解自己目前的遭遇，沒有人在乎自己現在正承受著多大的壓力，更沒有人能真正給自己有力的支持和幫助。我們是如此孤獨和寂寞，要獨自承受這一切，不能不說這是一個煎熬的過程，但我們正是在如烈火般的煎熬下才激發起內心的那種對勇氣和堅強的呼喚，猶如在絕境中的那種絕望的呼喊。我們沒有退路，求生的本能將給我們來自生命最深處的力量，這力量是如此決絕、如此壯美，我們在這寂寞的歷練下獲得了從未有過的堅強，來勇敢地面對載於心靈之上的這一切。

波爾蒂從小聰明過人，但命運卻對他甚是不公，故意將寂寞與醜陋賜予他，讓他一生都難逃別人的疏遠和歧視。波爾蒂雖然聰明，但卻從小口吃。更不幸的是幼年時的一場大火在他的左臉烙下了一塊醜陋的傷疤。因此，別的孩子都躲著他，不願和他一起玩，就連自己的兄弟姐妹都不願跟他在同一張桌上吃飯。孤獨和寂寞在波爾蒂很小的時候就纏上了他，成了他怎麼也甩不掉的影子。

但波爾蒂並沒有陷入到自卑和痛苦之中，他勇敢地接受了這一切，並且學會了和寂寞做朋友。他相信，自己雖然不能選擇自己的容貌，但可以把握自己的心態，選擇自己的人生。他從不畏懼寂寞，雖然在他被夥伴們疏遠的一開始，他很難接受這個事實，並且害怕孤獨和寂寞，但他很快就學會了在寂寞中調整自己的心態。他不再把注意力全部集中在自己的相貌和夥伴們的疏離與歧視上，而是主動去關注和發展自己的長處，學會享受一個人的生活，在寂寞中收穫生活所給予自己的那些獨有的珍貴體驗。波爾蒂不會因自己容貌的缺陷而覺得自己低人一等，否定自己，他學會了用自己的方式來讓自己開心。

一次，一位同學滿臉惡意地走到他跟前說道：「你這個醜八怪，你除了腦子轉得快，其他的一切都令人噁心。」

波爾蒂聽後先是一怔，然後高興地說：「謝謝你，真的很感激。」聽到這個意外的回答，那個同學立馬被逗得哈哈大笑：「難道你傻了嗎？真是愚蠢。」

波爾蒂卻認真地說道：「我說的是真的，因為你不僅主動和我說話了，而且告訴我，我是一個聰明的人。你這是在提醒我，要多看自己的長處，我沒有理由不感謝你啊？」

波爾蒂就是用這種心態來積極地面對別人對自己的歧視和疏遠，他從不把這些試圖傷害他自尊的話放在心上，而是以樂觀、積極的心態來化解一切。他雖然一直活在一個人的寂寞裡，但他從來不浪費自己的孤獨時光，而是充分利用這無人打擾的安靜來做自己喜歡和擅長的事。最終，經過刻苦學習，波爾蒂成為一個飽學之士，而且，他還練就了一番好口才，因為他的智慧、勇氣和幽默，他的演講深受觀眾的歡迎，他也因此逐漸走進政治領域，成為這一領域裡的佼佼者。

在一次競選中，敵對政黨抓住一切對波爾蒂不利的事情大肆抨擊他，他們甚至拿波爾蒂醜陋的面貌尋開心，他們告訴公眾說：「你們難道打算選舉這樣一位醜陋的人來領導你們嗎？」波爾蒂的相貌再次讓他深受其害，而且這次是在眾目睽睽之下進行公開攻擊。但波爾蒂很快就調整了過來，畢竟他就是在與歧視和疏遠的鬥爭中長大的，他已經在漫長的寂寞中練就了自己的堅強，學會了用開朗的心態對待這一切。

波爾蒂在一次講話中坦然承認了自己的這一缺陷，但他強調，一個合格的領導人最重要的是他的智慧和公益心，他應該經得住各種誘惑和打擊來堅持為公眾謀福利，而自己就是最好的人選。人們對波爾蒂所說深信不疑，因為他們在他身上看到了這種智慧、堅定和坦誠，而且公眾對反對黨的不道德人身攻擊甚是反感。於是，波爾蒂高票當選，寂寞中的歷練再次幫他開啟了新的人生征程。

波爾蒂的人生故事給了我們很多啟示。他接受了寂寞，因而寂寞就從敵人變成了他最好的朋友。他在孤寂中承受了許多人生的冷清和苦澀，但他的面對讓這種煎熬變成了歷練，教給了他許多人生智慧，幫助他變得更為成熟和智慧，這些正是波爾蒂日後成功的關鍵。寂寞是苦澀的，但只要你細細品味，苦澀之後，就能嘗到淡淡而又綿長的幽香，這幽香將曾經那個幽暗的心靈空間變得不再難以忍受，而是耐人尋味，就像燃燒的檀香充滿整個小屋。

我們的人生也許不一定像波爾蒂那樣滿是寂寞，但每個人的心靈世界都是獨立的，每個人都要獨自面對許多人生磨難，這磨難有時是別人分擔不了的，需要我們獨自面對、獨自承受，因而每個人的心路之旅都有一段獨行的路段。獨行雖然孤苦，卻是我們更好地反思自身、從心靈中汲取力量的最好方式。我們只有走好這一段艱難的路程，與靈魂進行深度對話，從內心深處呼喚勇氣和力量，才能更堅強地走好以後的人生之路。

一個園丁精心地照料著他的果園。在他的果園中長著一簇品種優良的醋栗樹叢，但這簇醋栗樹叢卻只長枝幹，沒有多少葉子，而且長勢旺盛，照這個樣子下去，它就不適合結果子，而應該被砍掉當木材了。園丁於是決定修剪掉它所有多餘的枝幹，防止養分全部被瘋長的枝幹耗盡，以避免這簇醋栗樹叢減產甚至不結果實。

他揮舞著手中鋒利的剪刀，乾淨俐落地將大部分枝條都斬斷了。結果，這簇醋栗樹叢看上去顯得光禿禿的，在早春的蓬勃生機中生長出來的大量枝條現在只剩下一些主枝，每一個枝條的傷口處開始溢出水珠來，光潔的水珠看上去就像醋栗樹叢傷心的眼淚。園丁彷彿聽到了醋栗樹叢充滿悲傷的訴說：「你為什麼對我如此殘忍？我為何要遭受這麼殘酷的命運？」園丁站在修剪完了的醋栗樹叢前，自言自語地說：「我之所以毫不留情地將大部分枝條都裁掉，就是希望你成為這個果園裡的珍品醋栗。如果我放任你像從前那樣任意地生長，你的枝條將會耗盡所有的養分。最終，你不僅結不出累累碩果，還可能面臨著被砍伐的命運。等到秋天的時候，你就能夠明白我的良苦用心了。」

後來，年輕的園丁離開了他的果園，擁有了新的工作和生活。他依然像以前那樣努力和認真，在新的工作中勤奮學習，進步很快。幾年後，他已成為核心員工之一，負責著重要的工作。這時，公司裡出現了一個主管階層的空缺。他滿心以為自己能夠順利升任，因為他的工作表現已經得到同事和上司的一致認可，而且在他眼裡，公司裡也沒有人有這個能力能夠跟他競爭這一職位。

沒想到，在公佈新主管人選的時候，他得到的卻是一個失望的消息，公司從外面調了一個人來帶領他所在的這個部門。原本以為自己應當順理成章地成為新主管，沒想到就這樣落空了，他不願接受這個事實。從此以後，他的工作積極性大幅下挫，他開始提不起精神工作，對工作也沒有之前那麼負責和賣力了。上面的老長官得知這一情況後，勸他不要把落選的事看得那麼重，只要好好幹，後面有的是機會。他對長官的這一番苦口婆心的勸誡一點都沒有聽進去，內心的抵觸情緒讓他以為，這不過是長官讓他繼續傻傻賣力的一套說辭。但談話將要結束時，長官的一句話讓他陷入沉思：「成長的過程充滿寂寞和磨礪，就像是一棵果樹。如果不經常修枝剪葉，它是不可能結實累累的。」

他彷彿在哪兒聽過這句話，於是，記憶的思緒將他帶回到了那個他曾辛勤工作的果園，他猛然想起了自己在修剪完那簇醋栗樹叢後自言自語說的一番話，那簇醋栗樹叢現在肯定已經結過很多遍美味的果實了。他的心情頓時開朗起來，是啊，老長官的話是對的。

於是，他又像自己剛來時那樣積極地投入到了每天的工作中。不過，他的生活一下子變得孤獨和冷清了許多，同事們都圍繞著那個新來的主管，整天熱熱鬧鬧地招呼來往；而他則很少去巴結新長官，而是埋頭於自己手中的事情，他要把工作再提昇一個新水平。

寂寞常常讓他深感工作和生活的艱辛，但他從沒有想過怎麼去擺脫這難熬的寂寞。他利用寂寞帶給自己的冷靜，反思自己為何會經常感到心酸，為何又經常鬱鬱寡歡。後來，他終於走出了心靈中的陰霾，不再將新主管看成是自己失敗的象徵，不再將他看成是自己的敵人，他與同事們的距離也拉近了。不僅如此，他還經常就工作上的事情請教新來的主管，他發現新主管確實有很多東西是自己所沒有的，他從謙虛中學到了許多新本事。

最後，他不僅超越了這個新主管，而且在他的帶領下，公司的事業有了新的突破。就這樣，他在寂寞的反思中學會了將苦楚化為力量，進而成就了自己。

挪威劇作家易卜生曾這樣說：「這個世界上最堅強的人是孤獨的、只靠自己站著的人。」只有那些在挫折面前耐得住寂寞的人，才能收穫心靈的堅強，堅強是命運送給我們的禮物，而那個來送禮的人正是寂寞。你拒絕了寂寞，就等於拒絕了堅強，剩下的只有你的自憐自艾。

在荷蘭的拍賣市場上有一艘船，這艘船從一八九四年下水那一刻起，在大西洋上遭遇冰山一〇八次，觸礁九十六次，起火十二次，被風暴扭斷桅杆二〇五次，但它卻每次都能順利地回到港灣。

這艘船被英國勞埃德保險公司拍下後獻給英國的國家船舶博物館。雖然這只是一艘普通的船，但它的傳奇經歷值得每一個人去深思。勞埃德保險公司認為這艘船值得購買並收藏，而博物館收藏的與其說是船，還不如說是關於這艘船的故事。

這艘船後來又有了更高的知名度，這還要歸功於一位英國律師。這位律師在以往的訴訟代理中，總會碰到因自己代理的官司失敗而讓被代理人痛苦不堪的情況。有一些被代理人甚至難以接受失敗的結局而選擇結束自己的生命，這常常讓他內心產生沉重的負罪感。他在想，如何才能激勵那些官司失敗的人，讓他們鼓起生存的勇氣，好好活下去呢？在他參觀了博物館裡的這艘船後，他突然意識到，這艘船的經歷可以激起人們心目中那不屈的生命意志。於是，他就把這艘船的照片掛在自己的律師事務所裡。每當前來委託他打官司的人打量這張照片時，他都會主動告知他們關於這艘船的故事。並建議他們親自到博物館裡看看這艘船。

於是，越來越多的人知道了這艘船的故事，它激勵了許多在生活中遭遇到無情風暴打擊的人，這艘船彷彿在告訴人們不管碰到多少次暗礁和冰山，不屈的生命意志都會指引你走出當前那令人絕望的寂寞。

# 04

# 生命寂寞，因而美麗

寂寞常常讓我們痛苦不堪，但如果逃避寂寞，我們將在誘惑、刺激下迷失自我，我們的靈魂將變得空虛，我們的生命也將背負起沉重的擔子。如此，人生將失去方向，讓我們如同行屍走肉。唯有堅守住寂寞，才能找回本真的自我，才能把握生命的意義。寂寞將為我們指明人生的方向，讓我們不再徘徊、不再彷徨，讓我們遊蕩的靈魂有更好的歸宿。寂寞會在我們進行人生重大抉擇時悄然來到我們身邊，使我們的抉擇更明智，讓我們選擇崇高，拋棄骯髒；選擇善良，拋棄邪惡；選擇輕鬆，拋棄沉重；選擇超越，拋棄墮落……靈魂在寂寞中得到洗滌，純潔的靈魂將因此而變得輕盈，生命也因此而顯得厚重。

生命的美是多樣和豐富的，如果我們不改變心中那種偏執的觀念，不把眼界放開闊，就無法用心去體驗日常生活中的點點滴滴，不能去發現其中不一樣的美，不能體味其中平凡卻又非凡的美。這種美到處都是，但只有那些甘於生命的平凡和寂寞、懂得細心去體驗生活中每一個細節的人才能捕捉到。生命就是這樣一個寂寞的旅程。正是因為寂寞，因為這獨立，我們才能用好奇的眼睛，帶著發現的精神，來探索眼前的這個世界，這是生命的真諦所在。生命因每一次新的發現，每一次新的體驗，每一次新的收穫而變得更加燦爛、更加迷人。生命的價值就源於這種體驗，而這種體驗唯有在寂寞之中才能進行。

# 靈魂因寂寞而輕盈，生命因寂寞而厚重

人的一生是短暫而匆忙的，每個人從出生那一刻起，命運之神就按下了他的生命倒數計時器。每個人都逃脫不了時間，不管你是王侯將相，還是布衣百姓，命運之神用來度量你生命長度的那把時間之尺都是一樣的刻度。每個人的生命都在時間滴滴答答地流逝中走向終點，沒有人能夠逆轉，即便認為自己功勞蓋過三皇五帝、自稱始皇帝的秦始皇也不例外。他曾命徐福到東海去尋長生不老之藥，結果徐福帶領五百童男童女出海後，就再也沒有回來。後來，名震寰宇，文治武功都成績輝煌的漢武帝也曾讓道士為自己煉不老金丹，結果卻讓後世之人恥笑。即便是現代科學技術如此發達，也沒有人能夠運轉自身的這種命運倒數計時器。

每個人的生命都是有限的，這正是自然最公正的地方。任憑你再大聲喊「真的好想再活五百年」，也只能在歷史的長河中留下漸漸微弱的回音。人生得意之時，縱情於歌功頌德、阿諛奉承之中，人生似乎如此美好和永恆，誰都想永遠沉醉其中，不願醒來。但人生總不是盡如人意的，接踵而來的災禍又讓他們要死要活，痛不欲生，沉浸在絕望的泥潭中不能自拔。這樣的生命是膚淺的，只能體會到那種簡單的刺激和醉生夢死，而不能領悟到生命的厚重和廣博。

我們雖然不能延長生命的長度，但卻可以開拓生命的寬度和深度，這才是一個人一生最珍貴的收穫。我們最終都將死去，但不要在貧乏和膚淺中死去，帶著失望和痛苦離開人世是悲苦的。只有在寂寞中體會到生命的豐富和深刻，才能帶著滿意和歡愉走向終點。這才是生命最好的結局。

明朝時，一個叫董京的人在京城做官。某年，山東大旱，朝廷派他去山東抗旱賑災。到達山東地界後，他發現災情比自己想像中還要嚴重得多，人們夜不閉戶，因為家中所有能換糧食的值錢東西都已悉數用盡。他在巡視災情時發現，由於糧食耗盡，許多人家竟一起枯坐家中等死。慘烈的災情讓他震驚不已，他來不及安歇就馬不停蹄地開始了抗旱賑災的工作。嚴重的災情不停地催促著他，讓他不敢有半點懈怠。他常天沒亮就開始了救災工作，晚上則非把當天做的事總結一遍並安排好明天應該重點去做的事才肯休息。在他的全力投入和拚命工作下，災情得到了有效遏制和緩解，一場大型的社會動盪就這樣被成功地消除了。

回到京城，許多瞭解他辦理賑災事務的朝廷大臣們主動為他請賞，他的功勞很快傳遍了朝野上下。然而，當朝廷給他加官晉爵之時，他卻向皇帝呈上了一道揭發自己的奏摺，稱自己曾截留過朝廷下發的救災銀兩。雖然這批銀兩仍然用在公事上，但他還是表示，願意向朝廷償還這批銀兩，並希望朝廷將這次的賞賜收回，以便自己將功贖罪。

這件事很快就成為滿朝文武議論的焦點，許多官員都覺得不可思議，認為本該受功得賞卻主動去揭自己的傷疤，真是難以理解。對此，董京這樣解釋道：「山東大旱，民間的慘狀讓我為自己過去曾截留救災銀兩而悔恨不已。我當時清楚地認識到，這些銀兩都是救命錢，少一兩銀子都可能奪去一個人的生命，讓一戶家庭生離死別，因而深感自己的罪惡。如果我不把這件事說出來，我的良心一輩子都不會安寧。」

董京最終得到朝廷的寬恕。他日後更加勤於政事，時刻把黎民百姓的生活疾苦掛在心上，成了一個有名的清官，他的事蹟也因此被傳誦。

董京的生命因此而變得厚重。我們可以想像，在要不要揭發自己截留救災銀兩這件事上，董京肯定在無數個寂寞的黑夜裡輾轉反側、備受煎熬。他很清楚，如果自己揭發這件事，不僅自己的功勞將被朝廷一筆抹去，而且很有可能因此獲罪，落得個身敗名裂的下場。這樣一來，本來是求得寬恕之舉卻可能為自己招來殺身之禍。這個考慮讓自己本來就負罪的心變得更加疼痛。夜越來越深沉，他的心也變得越來越孤獨和寂寞。在這寂寞中種種思緒一起折磨著他，讓他的靈魂彷彿在烈火中煎熬一般。最終，在獨自面對靈魂進行自我拷問下，他選擇了公開一切。如果朝廷能原諒他最好，如果朝廷不能原諒他，他也願意勇敢地去接受一切懲罰，哪怕是死。

董京的選擇是難能可貴的，而幫他做出這一正確選擇的就是寂寞。如果他的心腹得知他有揭發自己的念頭，很可能會百般勸他不要做傻事，那他的意志將因此而動搖，也許他就選擇了逃避，但他的餘生都將生活在自責和悔恨中，難以從這種痛苦中解脫。

張艾玲選擇到偏遠山區教書。在一開始，她就瞭解到要去的地方非常落後和閉塞，但她堅持去體驗一下生活，為山區的孩子們帶去他們渴望的知識，她相信自己應該能挺過三年的教學時間。

當她來到山裡時，才意識到這裡的環境比她做準備時的猜測還要差得多。她剛來到學校時，竟一時無法讓自己相信眼前的這個破舊民宅就是教室，而她的寢室則是附近的一個小閣樓。更讓她沒有料到的是，不同年級的孩子們都擠在這個狹小的破舊屋子裡聽課，根本無法分辨現在是在對哪個年級授課。

一開始，她怎麼也適應不了這裡的工作和生活。她想回去，但又怕別人笑話。當初她選擇要來的時候，身邊就有許多人提醒她要慎重考慮，然而她還是毅然堅持了自己的選擇，現在再回去，她豈不一輩子都要遭人恥笑嗎？於是，她咬牙堅持了下來。

許多個夜晚，她都獨自一人蜷縮在那個黑暗的小閣樓裡。小閣樓四面八方比較空曠，沒有多少燈火。黑夜如漆，塗裹了整個閣樓，她內心不禁害怕起來。恐懼和寂寞漸漸從四周向她逼近，越逼越緊，像惡魔一樣死死掐住了她的心。

這一切就這樣繼續著，直到有一天，在昏黃的燈光下，她看到了一篇正要批改的學生作文：「張老師是我們最尊敬的人，她不怕苦，不怕寂寞，一個人守在這個貧窮的山區給我們上課，我要向她學習，長大以後也做一個像張老師這樣的人。」

一字一字地讀完這些稚嫩的話語，艾玲的眼睛濕潤了。她沒想到，膽小猶豫的她，在學生眼裡竟如此高尚、值得敬佩。於是，她堅定了自己繼續待下去的決心。

第二天一早，她像往常一樣按時起了床，然後給學生們上課。不同的是，親切、堅強取代了她昔日眼神裡的那種淒苦和徘徊。她全身心地投入到教育學生的事業中，很快就和孩子們打成一片。不知不覺中，她已習慣了這裡的教學生活。她喜歡靜靜地批改學生們的作業，喜歡每天及時總結工作，喜歡一個人安靜地思考、寫作。她的心情也越來越開朗，她突然意識到，原來這個偏僻的小山村是如此寧靜和美好，山是那麼挺拔和剛硬，夜晚的星空是那麼靜謐和悠遠，田野的色彩每月都在變換，就像一個喜愛換穿鮮豔衣服的小女孩。

艾玲就這樣學會了享受這裡的生活，她不再感到寂寞和害怕，生活從來沒有像現在這樣美好和有意義。她的生命也因此多了一份他人難以體驗到的美。

艾玲的心靈在那三年的寂寞生活中得到了洗禮，她對於生命、對於美、對於快樂都有了全新的體驗，她的生命也因此變得豐富和深刻起來。

寂寞的人精神是富有的，生命是厚重的。在自我的世界中，你獨自擁有一片天，那裡蘊藏著你的全部。

# 咀嚼寂寞，品味生命的淡苦和清香

「非淡泊無以明志，非寧靜無以致遠。」諸葛亮的這句話可謂膾炙人口，這是一種高遠的人生境界。在這種人生境界中，寧靜、淡然是一種難能可貴的人生狀態。一個人只有保持住這份寧靜和淡然，才能致遠，才能明志。

能夠「致遠」的人，是有大智慧的。遠方讓我們滿懷憧憬，那裡有無限的風景；遠方讓我們能夠超越，看清眼前的許多困難和苦痛。漫漫長路中的一個小挫折，不值得我們為之呼天搶地，為之欲死欲生，遠方讓我們的世界變得更廣袤，我們不再被心中那個狹小的世界所羈絆。遇事之時，我們能夠坦然應對，能夠順其自然，不再強求，不再偏執。遠方讓我們的內心充滿寧靜，讓我們能意識到在時間的長河中，我們不過是滄海一粟，生命的種子在此發芽、在此成長，我們得以體驗這大千世界，這就是我們的福分。我們不能讓這如流星一般劃過的美麗人生在嗟歎、抑鬱中度過。遠方只有我們站在不一樣的高度看時才能盡收眼底。如果你不能在寂寞中遠離塵世的浮躁與喧嘩，不能打開智慧的心眼，就不能看清遠方的美景，不能得到遠方帶給我們的啟示。

生命的旅程不可能一路上都有鮮花相伴，不會一直平坦而筆直，也不會一直有知心而又得力的朋友、親人同行。這旅程中會有陰雲和暴雨，會在泥濘中跋涉和跌倒，會走彎路、走錯路，會一個人孤獨而寂寞地行走、思考和回憶。當你一個人行走在生命的旅程中時，不要忘了從路邊同樣寂寞的橄欖樹上摘一顆青橄欖，放在嘴裡咀嚼，這先淡苦而後清香的滋味正是我們此刻的心境。

我們信步走在這條孤寂而又少有鮮花、旅伴的小路上，雖然嘴裡有一絲絲淡苦，心裡卻充滿了香氣，這香氣來自於淡苦。只有在這寂寞的路途中，我們才能靜下心來細細品嘗，才能發現這淡苦背後的清香。這清香雖然不如成功那樣刺激，雖然不如熱鬧那樣興奮，卻是我們所品味到的所有滋味中，最意味深長、最令人回味的。在這淡苦和清香中，浮躁的心開始變得寧靜，我們的眼睛也因此發現了原本孤寂的橄欖樹，它帶給我們的是完全不一樣的生命體驗——雖然淡苦，但卻清香，一種別樣的清香。

我們熱衷於追逐物質財富帶給我們的享樂和成就感，彷彿只有如此，人生才有價值，生命才有意義。當我們把這些外在的物質財富當作人生快樂和價值的唯一標準時，我們就蒙蔽了向內看的眼睛。我們的眼中只有這閃著金光的金錢，就像孩子們的眼中只有糖果一樣。我們為得到財富而快樂，為不能增加財富而鬱鬱不得志，也如同孩子們為得到糖果而樂，為失去糖果而哭泣一般。我們這些成年人似乎並沒有成長多少，還像小孩子那樣簡單而任性。

這正是因為我們沒有學會留一隻眼睛看自己的內心世界，沒有去反省那個簡單而任性的、還沒有長大的自我。因為俗世的光彩和動人，因為俗世的熱鬧和繁華，我們的心被它們牢牢吸引，被它們緊緊抓住。因而眼睛只能看到這外在的物質世界，而疏於內在品質。我們的價值觀和人生觀也因此被扭曲——看不起那些賺不到錢的人。我們整日疲於奔命，苦苦追求增加自己的財富，害怕貧窮猶如害怕瘟疫，更是把過著普通生活的人看成是一種失敗，竭力避免自己邁向那扇普通人生活世界的大門。因此，一旦遭遇失敗，內心就糾結不已，一種過普通人生活的恐懼感蔓延全身。這是多麼可笑和荒唐啊，但現實世界中許多人就是如此。

生命之中的美是多種多樣的：炎炎夏日的那一絲清涼是一種美；痛苦之時身旁人們那一句安慰和支持是一種美；遠方的朋友那一聲問候和祝福是一種美；失敗之時輕輕地拍拍肩膀是一種美；晚歸時妻子的等待是一種美；乾渴時贈送的一杯清茶是一種美……這些豐富而多樣的美，它帶給我們的愉悅絲毫不比財富帶來的少；它帶給我們的狂喜絲毫不遜色於功成名就；它帶給我們的那種獨特享受是財富和功名都難以給予的，這種種感覺是如此易於獲得，而又如此持久和美妙。

更難得的是，它帶給我們的不僅是這種純美的生命體驗，它會令我們保持寧靜，而終至於「致遠」；它不但啟發我們思考，還讓我們獲得更多的人生感悟，人生的意義因此而充實。這就是生命之美，這美是如此平凡，因為每一個人只要丟掉偏執，細心品味，都能享有，就像那青橄欖一樣。又像喝茶一樣，唯一需要做的就是靜心細品；這美又是如此非凡，因為它給予我們的滋味遠比一切物質財富所帶來的要豐富和深刻得多，它賜予我們的還有智慧和寧靜，這正是快樂和幸福得以持續的動力。

生命不總是熱鬧和精彩的，但許多人因普通、因平凡而感到寂寞和痛苦，這大可不必。人生可以有失敗，可以默默無聞，但生命卻不能沒有美和愉悅。生命之美是造物主贈送給每一個來到世上的人的禮物，它絕不僅僅專屬於達官顯貴和富甲一方，只要你享有生命，你就可以享有隨生命而來的那種美。

但是，許多人恰恰沒有領會這一點，只對燈紅酒綠的人生感興趣。他們害怕寂寞，因為寂寞會讓他們想起自己的一事無成，想起自己的毫不起眼，想起自己一直以來的失敗和磨難，因而寂寞成了他們最不願面對的狀態。所以，他們要用酒精來麻痺自己，用震撼的音樂和不停地搖擺來擺脫寂寞，好讓自己從生活的失敗者這一事實的恐懼中解脫出來。結果，一時沉醉其中，忘掉恐懼，等下一次寂寞來臨時，那種因人生不得志的痛苦則會加倍。於是，他們就加倍地用酒精、毒品、迷幻藥等一切可以讓他們暫時擺脫這一精神折磨的東西來麻痺自己。結果和之前一樣，寂寞和痛苦隨之加倍，形成一種惡性循環。人們就這樣陷入人生的深淵中而不能解脫。

生命之美如此絢爛，不要讓虛偽的外在蒙蔽你的智慧之眼，要細心地捕捉內心的每一次感動和歡欣，這感動和歡欣或許來自一句簡單的讚美，或許來自一次春寒料峭時的踏青之旅，或許來自兒女的一點點進步和成長，或許來自父母充滿關懷的一聲囑咐，或許來自和朋友的一席閒聊，或許來自冬日的一縷暖陽，或許來自同事的一句鼓勵，或許來自對萬物欣欣向榮的一絲察覺……

如果我們留一隻眼看內在，去把握心靈的每一次悸動和美好，每一次愉悅和放鬆，每一次恬靜和忘我，每一次甜蜜和溫馨，每一次苦澀和自省，每一次疼痛和悔悟，每一次躁動和平復，久已麻木的心就會日漸甦醒，它會重新變得充滿靈氣和動感。這時，日漸覺醒、充滿靈氣的心靈將幫你打開另一隻生命之眼，你會發現生活中的種種美以及感受它們帶給你的感動。

這生命之眼其實就是生命體驗，是用你的全部身心去體驗。當你用全部身心去細細體驗生活中的每一個細微之處時，你所得到的將異常豐富和美好，因為你已超越種種世俗觀念，你敏銳的肌膚將帶你體驗酷熱中的清涼和寒風中的溫暖；你的嗅覺也將帶給你無盡的美好體驗，有農家炊煙裊裊時木材燃燒的清香，有田野裡那一畦金黃的油菜花的淡香；你的味覺將帶你享受槐樹花的蜜甜、甘蔗的清甜；你的聽覺將帶你傾聽蟋蟀的歌唱、大雁的長嗅、蜜蜂的蜂鳴，等等。這一切都是如此美好，如此撩人，這都是人生之中最美的生命體驗。但許多忙於追求功名利祿的人卻對此視而不見，他們的生命也因此變得枯燥而乏味。

寂寞是打開生命之眼的鑰匙，我們只有耐得住寂寞，甘於平凡的人生，才能釋然地接受寂寞，與寂寞為伍，心靈的生命之眼才能因此而開啟。寂寞讓我們從塵世紛繁的功名利祿中暫時脫離，因而我們的心神暫時離開各種名利的誘惑，得以向內觀看，這種自我反思促使我們洞察內心是否真正快樂。寂寞的時候，我們常常心如止水，我們得以從另一種角度，以另一種心境看這個世界，看我們的生活，生活中的一切似乎都變得和以往不同。這給予我們新的感受，讓我們猛然發覺原來生命是如此美好、如此動人，原來世界並非我們之前看到的模樣，原來真實的世界是更加豐富、更加有趣，它遠比我們頭腦中想像的還要美，生命的意義因此不再侷限於追逐名利。

生命在寂寞的體驗中是如此不同，寂寞給予我們另一雙智慧的眼睛，讓我們得以領略這不同的生命之美。如果我們日常所看到的只是太陽光輝照耀下的蒼白世界，在寂寞中對於生命的體驗就像如水的月光所籠罩的夜色世界。它不能像白天世界那樣只用眼睛去看，它還要我們調動身體的觸覺、味覺、聽覺、嗅覺甚至是我們的想像力去全面感受。這個世界不像白天那樣一切都是赤裸裸，它需要你去用心感受。你會發現這個世界如此不同，又是如此美好，它的魅力就在於此。只有善於發現，細心體驗，才能看到它的美，而且這美隨處可見，唾手可得，不過你得先適應這眼前的黑暗，接受這黑暗，平心靜氣，才能有所領悟、有所收穫。當你真正做到這一切的時候，你會發現你的收穫絕對不比白天的少。

生命是寂寞的，而寂寞的生命卻是美的。只有透過寂寞，我們才能更好地看到生命之美。平凡的生命是淡苦的，但在寂寞中細細咀嚼這淡苦的生命，那慢慢湧上來的清香就是我們收穫的驚喜。不要對自己的生命怨天尤人，造物主已經給了你美好的生命，用心去領會這寂寞生命中所蘊含的無盡的美吧。

# 欣賞生命旅途的寂寞之美

生命註定是一段寂寞的旅程。自出生開始，我們就脫離母體成為一個獨立的個體，我們在家人的悉心照料下不斷成長，我們的心靈也在家人的關懷教育下一點點成熟、獨立。雖然我們能與人交流、與人產生感情，但這交流都是有限的，我們不能讓人完全理解自己的所思所想。人生得一知己足矣，這知己都是極為難得的，更不用說完全交流彼此的想法了。

每個人的生命就如一棵獨自立在那裡生長的樹一樣。它們雖然彼此相隔不遠，甚至成群結伴，聚成蔚為壯觀的森林，但每一棵樹都是獨立的，它們得靠自己拚命汲取養分，獨自承擔風雨，它們的榮枯、粗細都得靠自己來把握爭取。生命的意義或許就在於獨立，如果生命不同萬物分離開來，我們又怎麼會有自我，怎麼會有彼此，怎麼會有獨立於自我而存在的那個渾然一體的客觀世界？如果我們不能忍受孤獨和寂寞，不能在孤獨和寂寞中參透自己與他人、自己和客觀世界的關係，我們就不能領悟生命的真諦。

生命的大道上，我們一路高歌歡笑，一路跌倒又爬起。無論是悲傷還是歡笑，無論是得意還是落魄，無論是自信還是自卑，無論是美麗還是醜陋，這一路上，總有陰晴雨雪、四季更替。功成名就的時候，家中高朋滿座，各路英雄前來祝賀，想與你結交的人絡繹不絕，或許你會因為沒有知心朋友而在熱鬧的晚宴上感到寂寞；在你失敗或者一事無成的時候，你要一個人面對這一切，感慨人生的孤苦和磨難，寂寞與悲情化作眼中的淚水，此時的你無疑也是寂寞的。寂寞是生命的常客，它常常會不經意地登門拜訪，逃避是沒有用的。越是逃避，它就來得越頻繁，越有氣勢。

生命是一段寂寞的旅程，你必須一路長途跋涉，一路風塵僕僕，一路欣賞沿途美景，一路遭遇風吹雨打，一路陽光燦爛，一路披星戴月，一路不斷地面對岔路口獨自做出抉擇，一路舔舐身上的傷口，然後忍痛繼續前行。生命就像一列孤獨的列車，沿著生命的軌跡在廣袤的原野上，在蜿蜒的群山間，在深谷、峭壁中馳騁，生命的汽笛在萬籟俱寂中不時地響起，這或強勁或微弱的汽笛聲在悠遠的原野上擴散、遠去，最終消逝。乘上生命這輛列車，就此開啟自己的人生之旅。伴隨生命列車的疾馳，沿途一幅幅美麗的風景在我們的眼前展現，我們穿越各種地形，經歷各種氣候，時而奮勇向上，時而一路呼嘯，時而沿著下行的軌道墜入深谷，時而在峭壁邊上突然轉身。我們在生命這輛列車上會結識形形色色的人，雖然一路同行，但每個人各懷心事，有著不同的目的地，誰也不能瞭解誰，誰也不能與他人永遠結伴而行。

人生每一個階段都好比是生命列車不同的月臺，每到一個新的月臺，都會有人上車，有人下車。上車的人你可能從未接觸，而下車的人可能與你已分外熟識。就在列車不停地停靠、人們不停地上下車之間，你與許多人擦肩而過，不管是陌生的還是熟悉的，他們都只是你人生旅程中的過客，不能一直陪伴你左右。真正與你一同到達列車終點站的，只有寂寞。雖然沒有人能完全理解你，也沒有人一直陪在你身邊，但與他人曾經的相識、相知早已在彼此的心頭留下了美好的回憶。雖然身不在一處，但心卻能想通。有這份牽掛，有這份思念，寂寞就不再僅僅是空虛和害怕了。

生命的列車一刻不停地在向前疾馳，曾經的旅伴或許已經中途下車了，你不得不背負起寂寞，繼續後面的路。列車不會因為你而就此停下，終點還在遠方。如果你無法捨棄，那就只能肩負。在人生的旅途中，寂寞會經常襲來。在寂寞中，你開始回首那些已經遠逝的風景，回首那些離你遠去的人和事。同時，你可能還會在這寂寞中展望自己未來的行程——或許幸運，你將再次遇到新的旅伴，再次遇到令自己高興的事；或許不幸，那就獨自欣賞窗外的風景，與寂寞結伴，用心去體味生命列車上發生的一切，也許你將找到一片嶄新的天地。記住，生命從來都是美好和豐富的，不要因一時的失去而忽略了窗外更廣闊、更迷人的風景。

自出生那一刻，我們保持著獨立；當我們離開這個世界時，也是一個獨立的生命寂寞地逝去。沒有人能改變這個事實，生命就是這樣一個寂寞的旅程。但這並沒有什麼好悲哀的，正是因為這寂寞，因為這獨立，我們的生命得以存續，發展自我，感覺到自我，我們將帶著好奇、帶著發現的驚喜，來探索眼前的這個世界，這是生命的真諦所在。生命因每一次新的發現，每一次新的體驗，每一次新的收穫而變得更加燦爛、更加迷人。生命的價值就源自於這種種體驗，而所有的體驗唯有在寂寞之中才能收穫。

許多人害怕寂寞，常常去找人分享自己的所見所聞，分享自己的人生閱歷，無論是快樂的還是憂傷的，成功的還是失敗的。在與人分享的過程中，可以進入他人的世界，領略他人的感悟、收穫他人的經驗、學習他人的智慧，還可以從他們那裡獲得情感的慰藉，與他們共同體驗生活中的風風雨雨。這樣一來，自己內心的壓力將大為減少，我們也因此對生活充滿勇氣和信心。

但很多時候，我們常常找不到合適的人來傾訴。當快樂無人分享，當憂愁無人分擔，當成功無人喝彩，當失敗無人撫慰時，許多人會掉入寂寞的漩渦中，生活也陷入絕望的深淵。其實，這也是生命賜予我們的一份禮物。從某種程度上說，生命的本質就是孤獨和寂寞。寂寞的時刻，我們會對生命本身有更深的體驗。試想，一個整日在與人閒聊，整日在追逐名利中忙碌的人，他會去思索生命本身嗎？

不會。因為他的所有思維、心靈空間都已被各種人和事佔據，他沒有多餘的心思去考慮其他問題。這種情況如果持續下去，他就會因為沒有及時地對自我進行反思，沒有認清真實的自我，沒有意識到什麼才是內心深處真正想要的，沒有體驗到生命本身的那種純真的歡欣，而失去自我。在與人接觸、在經歷的各種事情中，不自覺地被外在的各種觀念和思想所侵蝕，成為這些觀念和思想的奴隸。這樣的人是談不上快樂和自由的，他們往往害怕寂寞，想盡一切辦法去擺脫寂寞。實際上，他們的擺脫是一種逃避，逃避掉了認識自我、認識生命這些重大的人生課題。

人天生是一種群居動物。許多人為了擺脫寂寞，而投入到人群中去。哪裡有人，哪裡就能吸引他們；哪裡人多、熱鬧，哪裡就有最大的吸引力。人們在人群中尋找愛情、尋找友情、尋找寂寞靈魂的慰藉，但這種尋覓未必總能如願以償。付出真心不一定能得到愛的回報，付出真誠也不一定能收穫友誼。萬千寂寞的靈魂在外進行一次次苦苦尋覓後，又回到寂寞之中。但這深深的寂寞感讓他們又忘記了之前所受的傷害，重新又去尋覓，就這樣在人群中不斷地孤單穿梭。

雖然人們很多時候都是無功而返甚至傷痕累累，但仍樂此不疲，堅持不懈。有時，人們為了逃避寂寞，寧願隨便抓取一個傾訴對象，就像許多人在寂寞襲來時喜歡在社群網絡中找陌生人聊天一樣。但其實，我們並沒有因為人際關係網的擴大或者傾訴的增多而得到更多的安寧。恰恰相反，在濫情和隨意的人際關係過後，我們變得更加孤獨和寂寞。寂寞此時成了一個可怕的惡魔，任憑你使盡渾身解數都脫離不了它的魔爪。

現代人往往生活在繁華熱鬧的都市之中，但在白日的喧鬧和浮華過後，人們心頭襲來的是冷清和疲憊。雖然我們每天都活動在熙熙攘攘的人群中，但我們並沒有因此而減少來自內心深處的寂寞，這寂寞反而一天天在加劇。如果你因長時間為名利苦苦奔波而開始感到力不從心，如果你對整日的應酬奉承、強顏歡笑而疲憊不堪，你可以給自己的心靈放個假，拋開所有讓你心煩意亂的大小事情，為自己營造一個自由輕鬆的獨處空間。

這是對自己的一個珍惜和善待，也是對自我的一次反省和探索。在這種獨處中，你可以躺在舒適的沙發上，手邊放一杯清茶，然後閉上眼睛靜靜地傾聽自己喜歡的音樂，在輕鬆的音樂中，任思緒在想像的空間中飛揚。你可以回憶自己經歷過的那些美好事情——可以幻想自己此刻正在海邊邊吹海風、邊看日落，可以憧憬自己今後的悠閒生活。讓愜意和暢快的感覺湧遍全身，讓身體超脫世事的勞累，打破困擾心靈的枷鎖。在這種輕鬆愉悅的氛圍中，走向物我兩忘的精神境界。此刻，世態炎涼、功名利祿、愛恨情仇、聚散離合都離你越來越遙遠，變得縹緲和虛幻，那種輕鬆和愉悅才是你此刻最真實、最深刻的感受。你會突然發覺，原來生命是如此的簡單和美好。

徐志摩曾說：「你要發現自己的真，你得給自己一個單獨的機會。你要發現一個地方的真，你也得有單獨玩的機會。」只有將我們日漸麻木的心放置在寂寞的氛圍中，它才能恢復兒時的那種敏銳。就像一個新生命剛來到世界上，對一切都充滿了好奇。儘管我們內心裡不自覺地認為自己對於周圍的一切早已很熟悉，其實，這不過是一種錯覺，這種錯覺使我們對很多事情、很多現象都失去了認真觀察、認真體味的興趣。

你不妨做一個有趣的實驗。當你一個人獨處家中之時，你可以重新檢驗一下原以為很熟悉的那些味道是否與自己頭腦中那種模糊的印象一致。你可以切一小塊鳳梨，很小的一塊，將它放在舌尖，不要急於咀嚼或吞咽，慢慢讓唾液將它包圍，一點點分解，然後用心感受它到底是一種什麼味道，和你之前想像的是否一致。答案通常是否定的。生活就是如此，只要你細心體味，你會發現生活中很多東西都不像你之前認為的那樣理所當然。

寂寞之中的生命是最真實的，全然接受寂寞，在寂寞中放飛思緒、追問生命，在寂寞中把握生活、把握自己，你的生命之旅才能充實和多彩。在寂寞中拭去心靈的憂鬱，在寂寞中解開失意的死結，在寂寞中揭開悲傷的謎底，在寂寞中截斷痛苦的源頭，在寂寞中過濾浮華，在寂寞中沉澱狂躁，在寂寞中飛揚自在的心靈，在寂寞中贏得絢爛的人生。寂寞之中的快樂是遺忘名利後的釋然和灑脫，是靜思醒悟後的心平氣和，是卸下心靈重負後的一身輕鬆。

寂寞是一面生命的鏡子，能幫助你看到那個在塵世的影響下每天都在變化的自己，只有時時留意鏡中的那個自己在一天後、一個月後、一年後有什麼不同，才能及時遏制不良的變化趨勢，才能把握住自己的生命軌跡。調適好自己的心境，將憂傷、失意、痛苦、彷徨等負面情緒堵在門外，讓快樂和自在常駐心中。

寂寞是自我在精神世界中的一次遊歷。在這次遊歷中，我們得以有閒工夫去整理我們的心靈花園。這座花園或許由於長久疏於照料，正變得荒蕪和雜亂，玫瑰花隱沒在一大堆雜草當中，枝葉因難以見到陽光，而變得枯黃，雖然隱約能看到幾朵花朵，但用嬌豔來形容顯然已不太恰當；梔子花也開始凋零，一朵朵正日漸泛黃，失去了當初的飽滿和襲人香氣；翠竹也凌亂地生長著，稀的稀、疏的疏，完全失去了令人賞心悅目的美感，淪為雜草一伍；牽牛花爬得滿地都是，有的藤蔓纏在雜草上，有的纏在附近的梔子花樹上；籬笆也已經癱倒，一切都失去了之前的井然秩序。是時候好好整理一下這個日漸荒蕪的心靈花園了。不然，這裡將成為腐爛和污穢之物的發酵地，變得一片昏天暗地。

我們要恢復以前的良好心緒，就不能不管它，因為心緒會被這無序的狀態攪得一團糟。我們要清除抑鬱、苦悶、懦弱等雜草，將它們連根拔起，把花園裡的一切放在陽光下好好曬曬，防止各種黴菌和一切污穢之物的生成，我們要合理佈局美德之花、智慧之樹的栽種，在花園裡撒滿快樂的種子，還要留出一塊空地給未來，種上我們現在還沒想好要種的奇特植物。

心靈在及時地檢視和清理中變得日漸開闊和明朗，心緒因此而理順了許多，順暢了許多。由於之前瘋狂生長的雜草已經被連根拔除，快樂的種子在細心呵護下開始破土發芽，不久將開出燦爛鮮亮的花朵，我們的心境也因此大大改觀。

尼采的一生都是在孤獨和寂寞中度過的，他在孤寂中不斷思索、不斷追問，「像一縷青煙把寒冷的天空尋求」，最終他成為一個超越時代的哲學家。尼采身上散發出一種濃郁的孤獨氣息，他那冷峻、深邃的目光像要灼穿人類的靈魂，而他在寂寞中沉思所寫出的那一行行充滿浪漫色彩和無限想像力的優美文字，則在人類文明中迴響不絕。

尼采偏愛寂寞，他曾在詩中寫道：「我喜歡像林中之鳥、海底之魚，沉醉於美好的瞬間，在迷人的錯覺中幽居沉思，終於從遠方找回家園，把我自己引向──我自己。」在這種寂寞中，尼采不斷地深化自己對世界的思考、對自我的認識。

尼采並非沒有朋友，而是不希望自己的生活經常被別人打擾。他說：「在我泉思如湧的時刻，有人要來這兒，這是一件多麼可怕的事情。要是我不能更好地維護自己的孤獨，我就會離開我熟悉的生活環境，離開熟悉的人。我發誓，我根本沒有多餘的時間可以浪費。」尼采經常用長長的漫步來面對孤寂所造成的那種深深的憂鬱。當他需要一個人與病痛進行抗爭時，他就用寫作來淡化它們。尼采已經愛上了這種寂寞、思索、寫作的日子，他曾給朋友寫信說：「歸來吧，回到孤獨中來，我們倆都知道怎樣在孤獨中生活，也只有我們倆知道。」

正是在這種寂寞的生活中不懈地思索，尼采才會對生命、對生活有了不同於常人的認識。他曾前往熱那亞，太陽剛一升起，尼采「就到了一塊靠近海浪的幽靜的岩石上，撐一把傘，躺在岩石上，像蜥蜴一樣一動不動。眼前除了大海和純淨的天空，似乎什麼也沒有」。他一個人待在那兒，直到黃昏時分，之後便有了《朝霞》這篇文章。

我們雖不能像尼采一樣忍受如此寂寞的生活，但可以從他那得到許多啟示。只有在寂寞中，我們才能靜下心來，去真正思考那些生命中重大、緊迫的問題。

# 生命因為寂寞，所以美麗

生命對於每個人來說都是一樣的，其中蘊藏著無限的美麗。但很多人卻不能領悟到這一點，他們常常陷入一種痛苦的人生狀態之中，因為他們把人生的快樂定義為財富和權力，驅使自己終日為之奔波勞碌。一旦遇到挫折，他們就哀歎命運不濟，最害怕的就是一個人寂寞地面對失意的人生。而寂寞是生命的一種狀態，在這種狀態裡，我們能回到生命本身，找到最真實的自己。我們在寂寞中領悟生命，就會發現生命本身的不平凡，會發現蘊藏在每一個普通生命中的美。

相傳佛祖帶著眾弟子雲遊人間，每到一個城鎮，在人來人往、熱鬧非凡的大街上都可以看到人們為了各自的目的而行色匆匆，有的背著包袱、有的挑著擔子、有的在大街上大聲叫賣、有的在茶樓裡大聲吆喝、有的坐著馬車、有的趕著牲畜、有的拖家帶口、有的獨自一人……看到眼前的這一切，佛祖問弟子們：「你們看，人世間每天都是一片繁忙勞碌的樣子，人們東奔西走，各務營生，同時樂此不疲，有誰知道這是為什麼嗎？」

佛祖身後一弟子走上前去，躬身答道：「佛祖，世人整天如此風塵僕僕，勞碌不止，為的不過就是『名利』二字。正所謂，天下熙熙，皆為利來；天下攘攘，皆為利往。人們為了得到功名利祿，為了能夠過上富貴的日子，而如此疲於奔命。」

「人們有了名利又能如何呢？」佛祖追問眾弟子。

另一個弟子雙手合十，上前答道：「世人求名是為了得到他人的敬畏，為了榮耀自己及族人，求利是為了滿足肉體和精神上的各種欲望。」

佛祖臉上現出笑容，又問道：「那麼，許多自知自己難以富貴，難以得到名利的普通百姓這麼忙碌，又是為何？」

又一弟子上前答道：「他們整日奔波勞動是為了得到食物和物品，滿足衣食住行等基本生存所需。」

「那他們吃飯穿衣又是為了什麼？」佛祖不停地追問道。

「他們吃飯穿衣是為了能夠延長生命，盡享人間的樂趣。」一弟子躬身答道。

佛祖平靜地掃視了一遍回答完自己提問的弟子，似乎還沒有得到自己想要的答案。他略微停頓之後，又用深沉的聲音問道：「那你們知道人的生命有多長嗎？」

一個弟子首先應答：「據我所知，凡人的壽命大多都是幾十年的時間。」

佛祖搖了搖頭說：「你還沒有認識到生命的真諦。」

另一個弟子侃侃而談：「凡人的生命就像樹木和花草一樣，春天時萌芽吐綠、生發枝葉，夏天時則枝繁葉茂、燦爛似錦，經歷秋風秋雨的吹打後，到寒冷的冬天就枯萎凋零，最終回歸大地。」

佛祖微微一笑：「你雖然對生命的歷程有正確的認識，但只看到了生命的表象，沒有參透其中的深意。」

一弟子聽完佛祖的話，語氣愴然地說道：「佛祖，我覺得生命就像朝生暮死的浮游蟲一樣，在無限的時光中顯得如此短暫。」

佛祖聽完後，轉身對他說：「你雖能夠看清生命的短暫和易逝，但這還不夠。」

這時，一直沒有說話的一個弟子大聲答道：「佛祖，依我看來，生命只在一呼一吸之間。」此語一出，四座皆驚，弟子們都看著佛祖，期待佛祖就這驚世之語給出開示。此時，佛祖滿意的笑容掛在臉上，他想就此點化弟子們：「答得很好，人的生命就在這一呼一吸之間。有人認為人的生命像浮游蟲一樣有一晝夜，像花草一樣有四季，像凡人一樣有幾十年。這些理解雖然都沒有錯，但是都不能幫助我們看清生命的精要。」

生命就在這一呼一吸之間，就在人生的每一個體驗之中。不在全然的寂寞中遠離各種外在的牽絆，不用全身心來體驗生命，就不能領悟到生命的偉大和美麗。生命就是一種時時刻刻的體驗，生命之旅就是體驗之旅。我們只有在寂寞中喚醒早已麻木的內心，重新認識眼前的這個世界，才能得到關於生命的新的感悟。

生命不能用世俗的眼光和思維來對待，我們每個人都要意識到生命的不凡和偉大，對生命保持虔敬，切不可看輕自己的生命。生命是如此豐富和廣袤，如果你逃避寂寞，因害怕平凡而一味地追逐名利，為此疲於奔波，將所有的心思和注意力全都放在如何才能得到更多的名利上，對其他毫無興趣。如果你只是把寂寞當成一種煎熬，不願與內在的自我進行坦誠而又深入的對話，不願面對那個真實的、疲憊不堪的自我，你就不能把握住那些曾帶給自己放鬆和歡欣的一個個的瞬間，認識不到那一次次平凡事情背後的意義，那你也必然不會意識到生命的真諦就源於這點點滴滴的體驗和感悟。

生命是需要我們用心去領悟的，寂寞這種最貼近生命本身的狀態能幫助我們更好地感悟生命，幫助我們更好地認識生命中那些不同尋常的美。

「千山鳥飛絕，萬徑人蹤滅。孤舟蓑笠翁，獨釣寒江雪。」這首五言絕句具有震撼人心的效果——大雪數日，千山萬樹皆銀裝素裹，一片白茫茫的世界，深山之中早已鳥獸絕跡，山路也被皚皚白雪覆蓋，整個山林渾然一體。在這種情況下，鳥兒尚且躲避在自己的安樂窩裡，就更不用提人了。一切顯得如此靜謐，如此空靈。此時，卻見漫天銀白的雪國之中，一位頭戴蓑笠的老翁正獨自坐在孤舟中，在那彎彎曲曲穿越白色群山的冰冷河流上，孤獨舉杆釣魚，整個世界似乎就剩下這一位安坐孤舟中靜靜釣魚的老翁了，這是一種多麼寂寞的意境啊。人們在詩人的引導下，把目光投向了那個蓑笠翁。我們不禁開始思索：在這僅此一人的白雪世界中，這個老翁此時正在想些什麼呢？

是啊，孤獨和寂寞像漫天白雪一樣包圍了整個世界。在如此寂寞的情境下，他會想些什麼呢？如果我們是此刻端坐孤舟之中釣魚的那個蓑笠翁，我們又會想些什麼呢？是慨歎人生的蒼涼，還是抱怨生命的平凡？是嘆服於大自然的雄渾，還是拜倒於造物主的神奇？是思索人生的意義，還是感悟生命的孤寂？抑或是把整個靜謐的世界都遺忘，熱心期盼能釣到一條肥美的魚兒，熬成滾燙噴香的魚湯，在這無限清冷的世界，把它當作人世間最美味的一道餐點來好好享用？

我們不追究那個老翁的心裡究竟想些什麼，我們已為此而猜測了千年，而且還將猜測下去。我們不只是猜測那個老翁在彼時彼地想些什麼。我們要的是在猜測自己在彼時彼境界會想些什麼，這才是我們真正感興趣的。

因為寂寞，我們常常陷入沉思之中。這思索是如此深邃、如此廣袤，無所不及，思緒似乎在無限宇宙中縱橫，自由飛揚、隨性尋覓。生命在這思索中，開始超越時間和空間，開始與宇宙一樣變得永恆。

領悟生命需要這種寂寞，需要我們跳出日常生活的藩籬，反思那些我們從未思索就接受的世俗觀念。寂寞有時令人窒息，有時讓人惆悵。但唯有在這窒息和惆悵中，我們才能將更多的注意力放在自我之上，我們才能更關注自身的種種感覺，這些感覺常常為我們所忽視。這感覺因為被世俗觀念蒙蔽下的理智所壓抑，我們的心靈裡漸漸只剩下理智這一位權威的主宰者，而同時我們的生命感覺逐漸遲鈍，逐漸失去應有的靈敏，我們就這樣失去了另一個感悟生命、感悟自我、感悟世界的方式。

而寂寞中，我們這種生命感覺再度甦醒，它開始要求我們反思理智所遵循的那一套思想和觀念，要求我們追究痛苦鬱悶、焦慮不安的根源。我們因此得以更好地認識自我，領悟生命。一旦在寂寞中很好地領悟了生命，我們就會發現蘊藏在生命中每一個角落的美，同時也學會享受生命。

生命有時就像一本書，內容極其豐富，有詩、有畫、有歌、有故事，有成功與失敗、有高尚與卑微、有榮譽與恥辱、有平靜與瘋狂……我們要學會一個人在寂寞中去靜靜地閱讀這本書、欣賞這本書——欣賞這書中唯美的詩，欣賞這書中靜默的畫，欣賞這書中動人的歌，欣賞這書中曲折離奇的故事；從成功中，也從失敗中，從高尚中、也從卑微中，從榮譽中、也從恥辱中，從平靜中、也從瘋狂中，去領悟生命，去享受生命。

如果我們急功近利，不甘於寂寞，就只能對這本書匆匆一瞥，難以靜下心來細細品讀這書中的每一個章節，每一處描摹，每一節樂章，因而也難以領略到這書的豐富，這書的精彩，這書的深邃。如果我們只想翻看自己喜歡的章節，只看成功、高尚、榮譽、瘋狂，而沒有心思把注意力放在失敗、卑微、恥辱和平靜上，那我們對這書的理解也只能是片面的，這也意味著我們的生命是不完整的。那麼，我們對生命、對世界也就有了過於主觀的認識，這將讓我們在今後的處世中會碰到越來越多的寂寞，越來越多的惆悵，越來越多的哀歎。

我們要懂得享受生命，就不能沉淪於過去的失敗和痛苦中，讓它們的陰影始終在幽暗的心靈中徘徊；就不能一味地憧憬未來，用想像構築一個燦爛、虛假的明天；就不能將自己今生今世貼上失敗的標籤，而企圖用來生來補救今世的遺憾。享受生命不需要太多外部條件，只需要我們有一顆平靜的、耐得住寂寞的心，只需要我們有一雙明亮、敏銳的眼睛，只需要我們把更多的注意力放在全身心體驗每天的點點滴滴上，唯此，你才能從中發現生活的美好，發現生命的精彩。

其實，享受生命就是在享受「採菊東籬下，悠然見南山」的恬靜和怡然；享受生命就是在享受「山重水複疑無路，柳暗花明又一村」的驚喜和豁達；享受生命就是在享受「在天願為比翼鳥，在地願為連理枝」的溫情和忠貞；享受生命就是在享受「舉杯邀明月，對影成三人」的寂寞和開懷；享受生命就是在享受「起舞弄清影，何似在人間」的隨性和灑脫；享受生命就是在享受「壯心未與年俱老，死去猶能做鬼雄」的慨然和達觀；享受生命就是在享受「他年我若為青帝，報與桃花一處開」的醉心和嚮往；享受生命就是在享受「江天一色無纖塵，皎皎空中孤月輪」的壯美和孤獨……

接受寂寞，領悟生命，享受生命，一切原來如此簡單——沒有那麼多的憂慮和計較，沒有那麼多的苦心和盤算，沒有那麼多的渴望和期冀，就自在生活，自在享受吧。生命本來就是這麼簡單和任性，生命本來就是這麼純真和美麗。只要你肯接受寂寞，接受那個簡單、淳樸的自我，美好生命的大門就將向你打開。

生命是造物主賜予我們每個人最美好、最珍貴的禮物，能不能得到它，就取決於你自己是否能夠接受寂寞。

# 品味寂寞，昇華生命

寂寞多是苦澀的，但寂寞的背後卻隱藏著生命的真諦。一個抱著品味寂寞的態度的人，必定是有著極高的境界和淵博智慧的人。品味寂寞需要我們擁有定力，需要我們擺脫俗世的種種欲望和誘惑，需要我們能夠真正靜下心來，需要我們勇敢地對自我進行直視和反思。

真正能做到品味寂寞的人，都拿得起放得下，都能夠從容地應對人生的種種困境。真正能做到品味寂寞的人，都對寂寞持一顆平常心，既不刻意離群索居，又不逃避寂寞。寂寞來時，就從容地與它共處，和它交流。當這種交流漸漸增多時，你會發現寂寞已成了你的好朋友。你不再害怕寂寞，而是樂意見到自己的這位好朋友。

我們只有學會品味寂寞，在寂寞中靜靜地思考生活中的種種、生命中的點滴，我們才能更好地發現生命中的美，才能更好地享受生活、享受生命。不要為了逃避寂寞而刻意將自己的生活安排得滿滿皆是，這只會讓我們整日沉溺於生活的瑣事當中，沒有時間去與自己對話、與生命對話。在看似忙碌的生活和工作中，寂寞和空虛還是會時不時地找上門來，而且如海浪一樣一波更比一波洶湧。由此可見，寂寞和空虛不是因為我們的時間沒有被填滿，而是因為我們內心深處潛藏的許多疑問沒有被解開。

這疑問就像希臘神話中薛西弗斯推的那塊巨石一樣，每當他將巨石推上山頂，巨石就馬上滾下來，於是他就週而復始地重複著這一繁重的苦役。心中的疑問即便被我們用轉移注意力的方式暫時壓在了心底，但它終究會像水中的葫蘆一樣再次彈起，單純地壓抑它是沒有任何作用的。我們需要做的是面對寂寞、面對心中的種種困惑和疑問。雖然我們可能暫時想不到答案，雖然這些疑問有時會以悲傷、抑鬱、煩躁等方式折磨我們，但只有保持耐心，才能找到根植於心底的那些錯誤的認知，才能解答這些時不時跳出來折磨、拷問我們的困惑和疑問。

品味寂寞，你的生命將因此得以昇華。在生活中，我們會遇到許多煩惱，這些煩惱因難以根除、處處存在而讓我們心煩意亂。但我們有時需要做的只不過是換一種角度去看待這些問題，通過調整心態，就會發現許多煩惱迎刃而解。我們不能改變天氣，但可以改變自己的心情；我們不能改變事情的結局，但可以改變自己對結局的看法；我們不能改變他人，但可以改變自己看待他人的眼光；我們不能改變成敗，但可以將成敗都當成是難得的人生閱歷；我們不能改變苦澀，但可以學會品嘗這份苦澀；我們不能改變寂寞，但可以接受它，與它交流。

自我往往是一切的根源，一切的外在因素都是通過自我來起作用的。我們難以接受許多現實，就是因為我們的許多期冀、願望、想法太過主觀，都是要求現實去適應我們的想法。這正是我們無法接受現實，以及所有煩惱的根源。如果我們澈底反思頭腦中種種不切實際的妄念，粉碎它們，你就會發現一個嶄新的世界。正是在這種對自我的拷問，正是在這種對寂寞的品味，我們的主觀認識才更符合這個現實世界。同時，我們對於生命的認識也能夠得到昇華。

當我們做到了這一切，就會發現此前一成不變的生活此時顯得如此美好。我們的收入並沒有增加，但由於我們拋棄了許多虛妄的欲望，我們不再為不能得到而難受；我們的身體並沒有比之前更健康，但我們相信只要保持樂觀心態，積極進行鍛練，我們就能享受到身心的健康；我們的職位並沒有提升，但我們認為做好本份工作，享受工作本身帶來的樂趣更重要；我們的孩子成績並沒有更好，但我們相信兒孫自有兒孫福，孩子們終究會找到自己的人生之路。我們會這樣步入生命的新境界，開始真正享受生命、享受每天的生活。

品味寂寞，平淡的日子將因此而變得熠熠生輝，幸福就在這平淡之中，快樂就蘊藏在每個人的心裡。

品味寂寞，就要與寂寞為友。寂寞是我們最有價值的朋友，它給予我們傷痕累累的心以溫柔的撫慰，給予我們浮躁不安的心以寧靜，給予我們充滿妄念的心以正見，給予我們緊繃的心以鬆弛，給予我們疲憊不堪的心以休息，給予我們徘徊不定的心以方向，給予我們容易受到傷害的心以堅強。

寂寞是難以安寧的靈魂贈予我們的苦口良藥，只要你不避其苦，甘於品嘗，就能醫治好心靈在俗世中所感染的各種瘡痍。與寂寞為友，它將帶你脫離塵世的喧鬧和誘惑，還你一個完全只有自我的空靈世界，你將在這個自我世界中找到一種歸零的感覺，這正是生命的原色。這感覺將拯救徘徊在迷失邊緣的你，生命也將回到本真的狀態。

身處繁華和熱鬧的生活之中，我們只能看到外在的物質和各種表面現象。只有在品味寂寞時，我們才能對生命進行更清醒的思考。思考是我們與靈魂進行對話的橋樑，只有在寂寞中不懈思考，才能找到安定靈魂的方法。

寂寞是心靈對於物質世界及物欲的自我揚棄，是精神在喧囂紛繁的塵世中的一種自我逃離。

人人都渴望在物質世界中得到盡可能多的財富，希望過上錦衣玉食、無憂無慮的生活。在此願望的驅動下，人們對物質世界中的繁華趨之若鶩，但當人們在現實的牆壁上撞得頭破血流時，人們也做出了不一樣的反應。有的人怨天尤人，哀嚎自己的命運如此不濟；有的人陷入迷茫之中，不知道人生的方向在哪兒；有的人則再次堅定心中的目標，跌倒了再爬起來，繼續向前猛衝；有的人則在現實的無情打擊下，完全丟失了鬥志，躲在一隅自暴自棄；有的人則因此而頓生厭倦，不願再過這種奔波勞累的生活，轉而尋找新的生活。每個人都要在這個世界上生存，這樣就得付出勞動，去獲取自己的所需。從某種程度上來說，很難有人能夠擺脫為生計而奔波的命運。但問題的關鍵在於人們並不滿足於溫飽，都想過上奢華、富貴的生活，不過現實中卻並非人人都能大富大貴。我們常常不能接受自己目前的處境，羨慕那些比自己富有的人，因而陷入不能實現願望的痛苦之中。

其實，我們不能把人生的目的僅僅放在物質財富的富足上，應當努力追求精神財富的富足。雖然並不是人人都能實現物質財富的富足，但可以肯定的是：只要你想要，我們每一個人都能實現精神財富的富足，更為重要的是，精神財富的意義要遠比物質財富的意義寶貴得多，幸福感的產生與精神財富的富足密切相關。

每當寂寞來臨時，就是我們放棄對外在物質財富的追逐，轉而向內心尋求精神豐富和滿足的契機。世俗之人把放棄追逐更多物質財富，甘於清貧生活視作是頹廢和無能的表現。其實不然，他們只是把更多心思放在豐富自己的精神財富之上，不屑於為追逐更多的物質財富而玷污自己的人格和靈魂。在他們的觀念中，精神財富的富足要遠比物質財富的富足有意義得多。生命的豐富與繁華不在於物質上的繁華，而在於精神上的充實和富足。

寂寞為我們提供了一個進入精神世界、豐富精神世界的入口。只有在寂寞的氛圍中，心靈之燈才會更加明亮。在它的照耀下，我們才能看清自己的內心世界。當我們的心思全都放在喧鬧而又紅塵滾滾的外在世界時，心靈之燈在各種浮華的物質沙塵中將或明或暗、搖曳不定，那時心靈之燈就不可能照亮內心的世界。我們的所有時間、所有注意力、所有智慧只會被過度地浪費在追逐物質財富上，其結果就是導致內在精神世界的貧瘠和昏聵，離生命的真諦越來越遠，離幸福也越來越遠。

寂寞是豐腴我們精神的肥沃土壤。在寂寞中，我們可以靜靜地閱讀，與古今中外的智者進行心靈的交流，從他們充滿靈韻的行文中，吸取他們的智慧、借鑒他們的閱歷、學習他們的思維方式。在寂寞中，我們可以深入地進行思考，思考人生、思考生命、思考歷史、思考人世，思考種種情感和體驗，思考日常生活中那些被他人忽視的細節。寂寞中的思考帶給我們的是感悟、是智慧、是超脫，是生命的昇華。寂寞中我們可以進行觀察，觀察這個大千世界背後的每一個細微之處，觀察每一個讓我們心動的瞬間，進而實現對人、對世界的全新認識，並更正那些不知覺間你所接受的錯誤觀念。

在寂寞中，我們離世俗最遠，離純真最近；離物質最遠，離精神最近；離庸俗最遠，離崇高最近；離憂傷最遠，離快樂最近；離黑暗最遠，離光明最近；離謬見最遠，離正言最近；離不幸最遠，離幸福最近。

品味寂寞，就是在擺脫塵世的種種牽絆，就是在淨化心靈，就是在醞釀幸福，就是在揭示生命的真諦，就是在描繪一幅美好、動人的畫卷，就是在譜寫一曲最能打動你心的音樂。

品味寂寞，不斷地豐富精神世界，這樣才能漸漸看清生命的底色。我們的生命才能超脫單純的欲望，在全新的體驗和美好的意義中得到昇華。

# 在寂寞中修行

在寂寞中修行是豐富生命的重要方式，修行包括修身和養性兩個方面。身心合一，不能偏廢其一。只有這樣，才能達到最好的修行效果，生命也才會更為豐富和多彩。雖然寂寞為我們提供了很好的修行氛圍，但不要以為保持這種狀態就是在修行，修行更多的是一種身心的調整。

有一個叫上座的和尚聽說獨處是一種很好的修行方式，只要長期獨處修行，就能達到成佛的境界。於是，他一邊刻意地保持這種孤獨的生活，一邊四處讚美孤獨和寂寞，宣揚這種獨處的修行方式。一時間，他因獨處而在出家人中名聲遠播。雖然慕名前來找他討教這種獨特修行方式的人很多，但當僧人們瞭解到，他所謂的獨處修行，就是一個人獨來獨往，不與其他出家人同行，便都一哄而散。因為在他們看來，這種獨處的修行方式不過就是一種外在的做作，是做給別人看的，無助於自己領悟佛法、領悟人生。

後來，佛祖知道了上座的這一做法，便召來上座，問他：「大家都說你喜歡獨處，並且以此為自己修行的方式，有這回事嗎？」

上座見自己的名聲傳到了佛祖的耳朵裡，非常高興，馬上肯定道：「是的，佛祖，我一直信奉獨處，堅持用獨處的方式來修行，並且四處讚美這種有效的修行方式，將它傳授給更多出家人，期望幫助他們早日成佛。」

佛祖見他如此回答，接著問道：「那你是怎麼進行獨處修行的？你如何理解獨處呢？」

上座恭聲答道：「佛祖，我堅持一個人居住、一個人到各戶人家去化緣、一個人在各地行走、一個人吃飯、一個人修行佛法。我認為，只要堅持這種孤身一人的修道生活，就能很快參透佛法。」

佛祖聞言，面帶笑容地告訴他：「你所謂的獨處修行就是堅持一個人的生活，在孤寂中誦經念佛、參習佛法。如果真是這樣，你確實做到了，但這種孤寂的生活並不能幫你更好地參透佛法。」上座意識到自己的方法有誤，於是虔誠地請求佛祖給予賜教。佛祖便告訴他說：「如果你立志成佛，就必須從內心深處放下過去、放下未來，把所有的精力放在當下，深入觀察現在正在發生的一切，一心一意地對待身邊的每一件事情。但不可執著於它，更不要固執地用自己的想法來解釋你看到的一切，這才是真正的獨處修行。」

獨處確實有利於我們的修行，但我們不可陷入形式主義的獨處修行中，關鍵是要在內心深處保持那種無牽無掛的狀態。對於擾亂自己心緒的所有微小的念頭進行反思，澈底淨化自己的心靈。如果我們在獨處的時候，沒有感到百無聊賴、寂寞難耐，而是感到一種寧靜安詳、充實滿足，那就說明你的修行已經取得了不小的效果。很少有人能夠忍受絕對的寂寞，但如果一個人不能忍受半點寂寞，只能說他是一個靈魂空虛的人。耐得住寂寞要求我們能安住當下，如果一個人懷有正念，具有足夠的定力，就能在當下保持寧靜和自在。即便將他一個人丟在森林中，放在大海的孤舟上，他也不會去擔憂自己的未來，不會放不下自己的過去，而是安然地對待眼前的一切。

從心理學的觀點看，我們需要獨處，需要在寂寞中修行，是因為我們的成長要求我們不斷進行內在的整合，將新的經歷和經驗與舊有的認知結構進行融合，獲得內在認知結構的一致性。只有經歷這樣的自我整合過程，未來的新經歷和經驗才能被自我所消化，成為自我的一部分，指導我們未來的言行。

佛經中說：「遠離人間的歡樂，為接近智慧，願獨處於寂寞深山。」我們只有將自己放置於這種截然不同的情境之中，忘掉世俗的一切，才能對生命、對自我、對世界產生新的感悟，我們才能實現對日常生活的超越，超脫為追求名利而帶來的種種痛苦、失意、憂鬱、悲傷的困擾，讓悸動的靈魂獲得安寧。

人生需要在寂寞中修行，這種修行能帶給我們對世界最真實的感悟，讓我們主動開啟生命所賦予的智慧和靈氣，去思索、去體悟、去超越，豐富我們的生命，在這種修行中提升做人的境界、領悟生命的玄機。

# 在喧囂中恬淡，在誘惑中自律

屠格涅夫曾說：「人生的最美，就是一邊走一邊撿散落在路邊的花朵，那麼一生將美麗而芬芳。」但在繁華喧囂的物質世界中，許多人被眼前的浮華和奢侈所迷惑，不自覺地把自己的人生目標定為賺更多的錢，有更多的權，期盼自己也能過上那種富足、高貴的生活。他們不願去享受工作和生活的過程，只想儘快達到富足高顯的目標。因此，一旦遭遇挫折，感到願望難以實現，就不可避免地陷入痛苦之中。

在朝著目標前進的過程中，人們常常忽略了沿途的美景。結果，常常是既沒有完全實現目標，也沒有享受到一路走過的風景。這樣的人生是多麼可悲啊。

曾經有一個小夥子工作很努力，從一開始目標就很清晰，那就是要變得和富翁一樣富有。為了早日實現這個目標，成就一番事業，他每天都很努力。但很多年過去了，他的財富雖然有所積累，但仍沒有實現自己之前定下的目標。他是一個不達目的誓不甘休的人，仍舊像以前那樣拚命。但他明顯感覺到現在的生活壓力很沉重，壓得他喘不過氣來。每當自己寂寞的時候，回首自己的奮鬥歷程，他發現自己多年的拚搏換來的只是越來越沉重、越來越窒息的生活，他陷入迷茫之中。

為了改變現狀，他去見一位智者，希望他能指明自己今後的人生方向。智者沒有說話，而是給了他一個竹簍，讓他背在肩上，隨著智者邊走邊撿路上認為好看的石頭，並把撿來的石頭全部放在肩上的竹簍裡。路途剛走到一半，他就被肩上越來越多、越來越重的石頭壓得直不起腰。這時，智者說道：「現在你知道自己的生活為什麼那麼沉重了吧？因為你對生活的欲望太多、要求太高，總想獲得更多的東西，而它們大部分都是可有可無的。你身上的壓力越來越大，怎能不感到沉重呢？」

人們在外界的各種誘惑下，欲望更難以被抑制。許多人都在種種誘惑下把全部心思都放在追名逐利上，物質財富成了他們人生唯一的目的，成了他們生活的唯一旋律。所有人都有欲望，但如果我們只埋頭於追逐物質財富，沉醉於享樂之中，我們就不能領悟生命的真諦，我們的生命將在忙碌和享樂中失去其應有的意義。過度地被欲望所支配，只會讓我們把全部注意力放在外在的物質上，失去對自我精神世界的關照，其結果必將是精神之樹的枯萎。沒有了精神之樹的繁榮，就開不出智慧之花，我們也只能被愚昧、被淺見、被眼前的利益遮住雙眼，人們甚至會一失足成千古恨。

寂寞與智慧常常結伴而行。寂寞之中，我們得以將心思從外面浮華的物質世界中收回來，得以將注意力集中在心靈世界。只有我們能耐得住這份寂寞和冷清，對眼前的各種誘惑保持克制，才能把握住自己的命運，做到不以物喜，不以己悲，超然物外，樂天知命。

我們生活在物欲橫流的社會中，每一個人都會被對物質財富的欲望所包圍。我們很難擺脫這種欲望，很難對欲望的滋長保持天生的免疫力，我們唯一能做的就是在寂寞中保持清醒，進行反思，不斷地對心中的各種瘋狂萌生的欲望進行清理，摒棄那些只會給我們帶來無盡煩惱的、毫無意義的欲求。同時，將自律當作提高精神境界的必修課，好好修煉。

能夠嚴格自律的人是不普通的，一個不能自律的人是不可能堅守心中的追求的。自律還是我們進行精神修行的必經之路。人要想更多地回歸到自我精神世界中，就必須拋棄過多的欲望，從塵世的種種物質誘惑中脫離出來。否則，人們就將被外面的欲望世界所牽絆，難以回歸寧靜的自我，精神修養也就成了空談。自律是克制心中過度欲求的一種重要途徑。能夠嚴格自律的人，必能擺脫不斷滋長的欲望對心靈的腐蝕，保持精神世界的獨立。一個能夠自律的人是重視精神財富勝於物質財富的人，他們不會為了滿足不時冒出的欲望而不顧內心的抵觸，他們認為心靈的安寧遠勝過任何物質財富。

能夠自律的人都是耐得住寂寞的人，他們不會被外面燈紅酒綠的世界迷惑住雙眼，因為他們一直在馴服欲望這頭野獸，將它置於自己的有效控制下。能夠自律的人都是有智慧的人，他們能夠清楚地認識到奢靡的生活對人性的腐蝕。正所謂「窮生賊，富生淫」，貪圖享樂的生活只會助長心中欲望的滋長，他們最終會被欲望這頭野獸吞噬掉人生真正的快樂。

當然，自律並非一件容易的事，尤其是當我們一個人的時候。儒家強調慎獨，有「君子慎其獨也」之說。慎獨就是在沒有外界監督的情況下，仍然遵守道德，不做逾矩之事。可見，慎獨完全是依靠內心自我約束的力量，也就是自律。曾國藩在自己的修行中很重視慎獨，它需要極有定力和意志的人才能做到。我們如果能夠耐得住寂寞，堅持身心修養，我們才能加強自律，最終做到慎獨。雖然我們不能指望自己成為「君子」那樣品德高尚的人，但通過這種寂寞中的修行，我們也能抵制心中過度的欲求，擺脫外在的過多困擾，回歸內心的平靜和安寧。

自律需要我們接受寂寞，反省自身；自律需要我們堅定信念和意志，不動搖自己的心性。偉大的詩人歌德曾這樣說道：「不論做任何事情，自律都至關重要。」人人都有趨利避害、趨樂避苦的動機，這是人類求生本能的反映。但人類也常常做出超出限度的事情，本能的保護可能轉化為一種自我毀滅，這就是放縱欲望的下場。

自律是一種信念，自律是一種智慧，自律是一種美德，自律是一種覺悟，自律是一種自愛，自律也是一種自省。能夠自律的人必將是全然接受寂寞、享受孤獨的人。在寂寞中，他們的精神世界不斷得到充實和豐富，對於他們來說這就是最大的財富，是他們快樂和滿足的源泉。

《玉堂叢語》中記載了這麼一個故事：「曹鼐為泰和典史，因捕盜，獲一女子，甚美，目之心動。輒以片紙書『曹鼐不可』四字火之。已，複書，火之。如是者數十次，終夕竟不及亂。」面對如此美麗而又無主的女子，心旌搖曳是在所難免的。而他身為典史，占有這位女子也是輕而易舉之事。在此情況下，自律就變得更為困難了，欲望被充分激發出來，同時又極易得到滿足，此時保持自律可謂難上加難。如若此時曹鼐定力不夠，恐怕將鑄成大錯。世上很多錯事都是這樣發生的，被眼前的誘惑完全蒙蔽了理智的雙眼，欲望戰勝理智，自律、道德、法律都被拋到九霄雲外，就此而沉淪，在欲望的深淵中越墜越深。

保持自律不易，只有坦然接受冷清和寂寞，在寂寞中修行身心，我們才能更好地自律，才能遠離墮落，保持率真的人性。

許衡是古代傑出的思想家、教育家和天文曆法家，他一生勤勉，重視自律，做出一番偉大的成就。

一年夏天，許衡的家鄉鬧饑荒。他便跟著鄉親們一起逃難，離開了家鄉。等他們經過長途跋涉到達河陽時，正值中午，鄉親們又累又渴又餓。許衡也是汗流浹背，饑渴難耐。這時，有人發現在不遠處有一棵大梨樹，上面結滿了碩大的梨子。有人摘下一個，咬開之後，梨水四溢，清甜爽心。眾人見狀，蜂擁而至，爭相攀枝上樹，摘梨、吃梨，唯獨許衡一人端坐樹陰之中，不為所動。

與他同行的鄉親問他：「你怎麼不去摘個梨吃解解渴啊？」許衡答道：「這梨樹並不是我家的，豈能隨便亂摘呢？」問話之人聽聞此言，不禁啞然失笑：「現今社會動亂，人人都各自離家逃命，這棵梨樹的主人肯定也捨棄家業逃命去了。何況這棵樹是誰種的還不知道呢，何必如此計較？」誰知許衡卻說：「梨樹可能失去了主人，難道我們心裡也沒有主人嗎？」亂世之中，一切權益、法律和道德都失去約束，人們也開始為所欲為，而許衡仍堅守著心中的道德底線，不為外界的環境所影響，這樣的境界是普通人難以達到也難以理解的。也只有達到如此境界的人，才能減少外界對自己的負面影響，在自律和慎獨中成就一番事業。

寂寞常常伴隨著冷清，伴隨著寡欲。唯有做到不為外物所擾，不為心中的欲望所惑，保持自律，我們的心靈世界才能在寂寞中得以豐富，獲得生命的覺悟。最終，我們才能把握住自己的命運，建設美好的心靈世界。一個不能克制自我，不能時時反省自我的人，是不能獲得自在的心性的，他將被外在的誘惑所擾，害怕寂寞，只對繁華和熱鬧趨之如鶩。

在喧囂中恬淡，在誘惑中自律。唯有如此，我們才能讀懂寂寞，才能不懼寂寞，與寂寞同行，在寂寞中修行身心。

# 人生要耐得住寂寞

作　　者　韓冰

發 行 人　林敬彬
主　　編　楊安瑜
責任編輯　陳亮均
助理編輯　黃亭維
內頁編排　蘇佳祥
封面設計　洪偉傑

出　　版　大都會文化事業有限公司　行政院新聞局北市業字第89號
發　　行　大都會文化事業有限公司
11051台北市信義區基隆路一段432號4樓之9
讀者服務專線：（02）27235216
讀者服務傳真：（02）27235220
電子郵件信箱：metro@ms21.hinet.net
網　　址：www.metrobook.com.tw

郵政劃撥　14050529 大都會文化事業有限公司
出版日期　2012年12月初版一刷
定　　價　250元
I S B N　978-986-6152-52-8
書　　號　Growth053



大都會文化
METROPOLITAN CULTURE

國家圖書館出版品預行編目(CIP)資料

人生要耐得住寂寞/
韓冰 著.--初版.--臺北市：大都會文化, 2012.12
224面；21×14.8公分

ISBN 978-986-6152-52-8（平裝）

1.人生哲學　2.通俗作品

191.9　　101015792

# 大都會文化　讀者服務卡

書名：**人生要耐得住寂寞**

謝謝您選擇了這本書！期待您的支持與建議，讓我們能有更多聯繫與互動的機會。

A. 您在何時購得本書：______年______月______日

B. 您在何處購得本書：____________書店，位於____________(市、縣)

C. 您從哪裡得知本書的消息：

1.□書店　2.□報章雜誌　3.□電台活動　4.□網路資訊

5.□書籤宣傳品等　6.□親友介紹　7.□書評　8.□其他

D. 您購買本書的動機：（可複選）

1.□對主題或內容感興趣　2.□工作需要　3.□生活需要

4.□自我進修　5.□內容為流行熱門話題　6.□其他

E. 您最喜歡本書的：（可複選）

1.□內容題材　2.□字體大小　3.□翻譯文筆　4.□封面　5.□編排方式　6.□其他

F. 您認為本書的封面：1.□非常出色　2.□普通　3.□毫不起眼　4.□其他

G. 您認為本書的編排：1.□非常出色　2.□普通　3.□毫不起眼　4.□其他

H. 您通常以哪些方式購書：(可複選)

1.□逛書店　2.□書展　3.□劃撥郵購　4.□團體訂購　5.□網路購書　6.□其他

I. 您希望我們出版哪類書籍：（可複選）

1.□旅遊　2.□流行文化　3.□生活休閒　4.□美容保養　5.□散文小品

6.□科學新知　7.□藝術音樂　8.□致富理財　9.□工商企管　10.□科幻推理

11.□史地類　12.□勵志傳記　13.□電影小說　14.□語言學習（_____語）

15.□幽默諧趣　16.□其他

J. 您對本書(系)的建議：

K. 您對本出版社的建議：

## 讀者小檔案

姓名：______________ 性別：□男　□女　生日：____年____月____日

年齡：□20歲以下 □21～30歲 □31～40歲 □41～50歲 □51歲以上

職業：1.□學生 2.□軍公教 3.□大眾傳播 4.□服務業 5.□金融業 6.□製造業

7.□資訊業 8.□自由業 9.□家管 10.□退休 11.□其他

學歷：□國小或以下 □國中 □高中／高職 □大學／大專 □研究所以上

通訊地址：________________________________

電話：（H）______________（O）______________ 傳真：______________

行動電話：______________ E-Mail：______________________

◎謝謝您購買本書，也歡迎您加入我們的會員，請上大都會文化網站 www.metrobook.com.tw 登錄您的資料。您將不定期收到最新圖書優惠資訊和電子報。

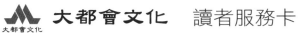

**大都會文化事業有限公司**
**讀者服務部　收**
11051台北市基隆路一段432號4樓之9

寄回這張服務卡〔免貼郵票〕
您可以：
◎不定期收到最新出版訊息
◎參加各項回饋優惠活動

FC 0307